イーロン・マスクも、大谷翔平も
〝遊び〟で育った！

フリースクール革命

FREE SCHOOL
REVOLUTION

船瀬俊介 著

プロローグ

子どものDNA99%は〝眠っている〟

●いまや日本は世界の落ちこぼれ

——日本の若者の〝自殺率〟は、先進国ワーストワン。

これが、現実である。

いまどきの若者の口癖《くちぐせ》は「死にたい……」。生きる気力をなくしている。

生きることより、死ぬことを考えている。これが、若いひとたちの姿なのだ。

❶「会社で管理職になりたいか？」

第3章で詳しく触れていくが、これはアジア太平洋14か国のアンケート調査だ。

「イエス！」回答は、インドが86・2%とトップ。2位ベトナム、3位フィリピン、4位タイ……と、やる気満々だ。12位のニュージーランドでさえ、41・2%が「管理職になりたい」。

アジア各国は上昇志向の勢いがある。

しかし——。日本だけが、ガクンと半減し、最下位の14位21・4%だ。

❷同様に「会社で出世したいか？」の質問にも、日本はやはり最下位。

ここでも、日本人の「やる気」のなさが、きわだっている。

生きる気、やる気をなくし、いまや世界の落ちこぼれだ。

この気力喪失の傾向は、若いひとほど顕著だ。

❸「将来、どの役職まで出世したいか？」

20～30代の会社員300名への質問で、トップ回答は「出世に興味がない」（113名）。

若者に「やる気」がない。それは、自分自身に「自信がない」からだ。

❹「自分自身に満足しているか？」（内閣府調査、2018年）

日本は10・4％で調査対象7か国中最下位。6位ドイツですら33・0％。日本はその3分の1というていたらく。日本の若者たちの自信喪失ぶりは、まさに目をおおうほどだ。

❺「自分には長所があるか？」

これも最下位16・3％。1位アメリカ59・1％の約4分の1。6位スウェーデンのさらに半分だから絶望的だ。

❻「自国の政治に関心があるか？」の問いに「イエス」回答は、アメリカが最高の32・8％。

ここでも日本の若者は最下位12・2％。

自分にも、自信はなく、政治にも、無関心……。

これが、日本の若者たちの、現実の姿なのだ。

〝ひきこもり〟146万人！　日本はどこまで堕《お》ちていく？

●父母が亡くなる『8050問題』

若者の自殺率も気力もワーストワン。死ぬことを考えながら、かろうじて今を生きている。

そんな、国家がかつてあっただろうか？

若い人たちの気力喪失が現れているのが、〝ひきこもり〟の異常な多さだ。

なんと、全国で〝ひきこもり〟は推計146万人にたっする（内閣府調査）。

〝ひきこもり〟とは、文字通り家にひきこもってしまっている人たちだ。

だから、通学も通勤も仕事もしていない。まさに、絵に描いたような社会の落ちこぼれ状態だ。

そんな人たちが146万人もいる。

とうぜん、彼らは一人では生きていけない。家族のだれかが食べさせている。

最近、〝ひきこもり〟の高齢化が問題になっている。

「……最近は、80代の親が、50代の子どもを養い、社会から孤立して困窮しているケースが『8050問題』と呼ばれている」（「nippon.com」https://www.nippon.com/ja/japan-topics/c07401/）

〝ひきこもり〟には自活能力がない。そして、扶養する父母は老齢化する。少ない年金で、子どもを養ってきた両親も、いつかはあの世に旅立つ。すると、高齢の子どもは、独りとり残される。だれももう食べ物の面倒すら見てくれない。絶望的になった彼らが、街に出てきたら……。

いったい、なにが起きるだろう？

●息子を殺害し、自殺した父

「……2019年5月、川崎市で50代の男が、スクールバスを待っていた小学生の児童や保護者を次々に刃物で刺したあとに、自殺するという事件が起きた。この事件で2人が亡くなり、18人が負傷した」（同サイト）

犯人の50代の男は〝ひきこもり〟状態にあった、という。

それは、一種の社会的不適応である。そのため衝動的な他傷行為に走ってしまったのだ。

そして、〝悲劇〟は連鎖した。

この事件の4日後、都内練馬区で70代の元農林水産省事務次官の父親が、同居する40代の息子を刺殺する事件が起きた。父親は「川崎の事件が頭に浮かんだ。〝ひきこもり〟の息子が、周囲に危害を与えてはいけない、と思った」と、警察の取り調べで語っている。

〝ひきこもり〟が、すべてこのような悲劇をたどるわけではない。

しかし、最悪、このような惨劇にいたるケースもあるのだ。

●日本人全体の心が病んでいる

２０２４年2月25日早朝、札幌市内コンビニで、刃物を持った男が店員３人を次々に刺した。うち1人は死亡。駆けつけた警察官が店の前で刃物を手に暴れていた43歳の男を逮捕。男は「殺そうと思った」と殺意を認めている。自宅周辺住民は「ふだんまったく見かけない」と証言。やはり、〝ひきこもり〟男性の衝動犯罪とみられる。

なぜ、日本人の〝ひきこもり〟が、これほどまでに増えたのか？

「……子育ての結果が、その家の評価になってしまっている。子どもの出来が悪いのは、その家が悪いと。そのため学校でいじめにあったり、会社の人間関係がうまくいかず、子どもが〝ひきこもり〟になってしまったりすると、親はそれを恥と考え、外との関わりを断ち、世間の目から隠してしまう」（川北稔准教授　愛知教育大学）

若者たちの気力喪失も、〝ひきこもり〟も、現代日本の病理である。

なぜ、生きる気がしないのか？　なぜ、死にたいのか？　なぜ、殺したいのか？

――それは、〝かれら〟の心が、壊れているからだ。

――遊びをせんとや生まれけむ　戯《たわぶ》れせんとや生まれけん

遊ぶ子どもの声きけば　我が身さへこそ揺《ゆ》るがるれ――

日本文学古典『梁塵秘抄《りょうじんひしょう》』の有名な一文です。

これは、平安時代末期、後白河《ごしらかわ》法皇によって編纂された今謡歌。つまり、流行歌です。

当時の広い階層で愛唱されました。


遊びに熱中してははしゃぐ子どもたちの笑い声を聞くと、大人の私でさえ心が歓《よろこ》びで震えそうになる。そこから「遊びをせんとや生まれけむ」（人間は遊びをするために、生まれてきたのだな）という感慨が、胸に湧いてくるのです。

ちなみに『梁塵秘抄』の「梁塵《りょうじん》」とは「建物の棟木《むねき》に積もった軽く細かい塵《ちり》」のこと。

中国古典に「美しい声で謡《うた》う歌の響きは、棟木に積もった塵をも動かす」という表現がある。

この故事に由来して、命名されたものです。

●遊びと笑いと魂の高まり……

わたしたち日本人すべてが、いまいちど、この歌に学ぶべきではないでしょうか？

わたしたちは、苦しむために生まれてきたのでしょうか？

悲しむために生まれてきたのでしょうか？

殺されたり、殺すために生まれてきたのでしょうか？
けっして、そうではありません。
この歌の作者は、語りかけます。
遊びに熱中する子どもたちの笑い声に耳を澄ませなさい。
ほら、あなたの心も感動でふるえてきたはずです。
無邪気に、無心に遊ぶ……わたしたちは、そのために生まれてきたのですよ。
遊ぶと、いやでも笑い声が湧きおこります。笑いは〝和来《わらい》〟につうじます。
そこには、和気あいあいの空間と時間が流れます。
だれもが笑顔をかわして、笑い合う。すると、心の体も歓びに満たされます。
すると、魂も高揚し、生きる気持ちがみなぎってきます。
わたしは、ここに、今の日本を救う大きなヒントが秘められていると確信します。
ぎゃくにいえば、今の日本人に欠けているものが、ここにはあります。

それは「遊び」と「笑い」と「感動」です。

それにめざめれば、日本の若者たちのワーストワンの自殺率もなくなるでしょう。
生きる気力がよみがえり、瞳《ひとみ》に生命の輝きがもどってくるはずです。

目次

第１章
「幼い時から〝遊び〟に熱中」天才に共通するヒント

5、6歳で熱中するものを与えよ

●幼児期に好きなことに熱中

天才と凡才のちがいは、なんだろう？
本書でとりあげるイーロン・マスク、大谷翔平《しょうへい》、井上尚弥《なおや》、藤井聡太《そうた》……などなど。
いずれも天才の名に恥じない、桁外れの逸材である。
イーロン・マスクは、百科事典2セットを幼い頃に読破……。
その凄《すさ》まじい知識欲、好奇心のままに、幼少年期を過ごしている。
いまや世界の大谷翔平は、小学校1年からグラブを片手にキャッチボールをしていた。
井上尚弥は、父親がアマチュアボクサーだった。
小学校1年の時、父の熱心に練習する姿を見て「ぼくもやりたい」と手をあげた。
藤井聡太も、小学校1年のときには、将棋で大人を負かしていた。
かのゴルフの天才タイガー・ウッズは、さらに凄い。
なんと、3、4歳でゴルフクラブを振り回していた、という。
脳の回路、体の機能……これらは、若いほど、幼いほど、無限の可能性を秘めている。

つまりは、まっさらの白紙状態だからだ。

●小学1年で人生が決まる！

――三つ子の魂《たましい》百まで――。人間の性格は、3歳までに形成されるという。

そして、5、6歳頃になると――物心《ものごころ》がつく――。

つまり、身のまわりの特定の物ごとに、関心が集中するようになる。

わたしは、この時期こそ、人生でもっとも重要なときだと確信する。

イーロン・マスクは、百科事典という〝情報の山〟に没入した。

大谷翔平は野球。井上尚弥はボクシング、藤井聡太は将棋……。

それぞれ、向き合う対象はちがう。しかし、柔軟な頭脳は物凄い集中力で各々の道を切り開いていった。だから、小学校1年までに、熱中するものを見い出だしたひとこそ、天才の道を授かるのだ。しかし、義務教育で1年生になると、残酷な現実が目前に広がる。

「そんなこと、やっちゃダメ」「先生のいうことを聞きなさい」

教室では「あれはダメ」「これはダメ」が飛び交う。

こうして、幼い魂に芽生えた好奇心の芽は、無残にも学校教育という名前の〝剪定ハサミ〟でチョン切られてしまう。なんと無残。なんと残酷。そして、なんと勿体《もったい》ないことだろう。そして、教室には好奇心の芽を刈り取られた、無表情な子どもたちが座ることになる。

●ファーブルも今なら〝自閉症〟！

あらゆる子どもは天才である。わたしは、強く確信する。

その芽を摘んでいるのは誰だ？　大人たちだ。

今の日本は、ほとんどが、学校狂育で、幼いころに芽生えた好奇心の芽をバチバチ刈られた人たちばかりだ。だから、みんな生気のない顔をしている。

プロローグで、わたしは日本の惨状の一端を示した。

とりわけ日本の若者たちは、まさに世界の落ちこぼれとなってしまった。

その最大理由は、幼いころの初々しい好奇心の芽を摘まれたからだ。


『ファーブル昆虫記』といえば、科学史に残る名著だ。

ファーブルは、幼いときから、すでに天才の片鱗《へんりん》を見せていた。
3、4歳くらいから地面に腹ばいになって、蟻の巣穴に蟻たちが出入りする様子を、飽くことなく一日中見入っていた、という。
それを、大人たちはやさしく見守っていた。しかし、現代はちがう。

もし、ファーブルのような幼子がいたら、まちがいなく自閉症のレッテルを貼られただろう。

特殊学級に強制的に押し込まれるだろう。

それどころか精神科医は、自閉症〝治療〟のため向精神剤を、この子の腕に注射するだろう。

こうして、希代の天才として歴史に名を残す可能性のあった少年は、廃人としての人生を余儀なくされることになるだろう。

――遊びをせんとや生まれけむ――

大好きな〝遊び〟に熱中しているときこそ、子どもの生命は、光り輝く。
その子の才能は、まぶしいほどに開花する。
子どもは、徹底的に、遊ばせなければならない。
子どもから、〝遊び〟を、とりあげてはいけない。
〝遊び〟は、その子の一生の財産となる。
そして、ひいては、それが社会の財産となるのだ。
だから、子どもたちを〝遊び〟の野に放たなければならない……。

人生の苦しみを人類への慈しみに――イーロン・マスク

●持続可能な未来社会を創る

イーロン・マスクは、最新EVメーカー、テスラ社のCEOで、世界一の大富豪でもある。

彼の経営哲学は、超シンプルだ。「人類の持続可能社会を目指す」。

だから、先端EVも、人型《ひとがた》ロボットも、巨大バッテリーも、すべて、理想未来社会への手段にすぎない。それは、石炭、石油、ウランなど化石燃料から太陽、風力など自然エネルギーで繁栄する未来社会だ。それを一言でいうなら――**火の文明から緑の文明**――へのシフトだ。

彼がその到達手段としてEV（電気自動車）に着目したのも当然だ。

ガソリン・エンジンは、内部で石油を燃やす。そのためエネルギーの9割は廃熱で失われ、走行エネルギーとなるのは、わずか1割だ。1リットルの石油でエンジン車が10キロ走行するなら、その石油を火力発電で電気に変え、モーターでEVを走らせる。すると、48キロも走る。つまり、同じ石油をエネルギー源にしても、EVはガソリン車の約5倍も効率が優れる。だから、全自動車をEVシフトすれば、石油資源の8割を節約できる計算だ。

ガソリン車は石油以外では走れない。

しかし、ＥＶなら太陽、風力、地熱……など、どんな自然エネルギーでも、電気に変換することで走行できる。さらに付言するなら、バッテリー価格は10年で10分の勢いで下落し、性能は逆に飛躍的に向上している。

すでに１回の充電で１０００キロ以上走行するＥＶモデルが続出している。

たとえば、メルセデス・ベンツ「ヴィジョン ＥＱＸＸ」は、欧州アルプスやアウトバーンを１３０キロで走行しても、一充電で１２００キロを軽く走破する。

これは満充電で東京を出発して、余裕で長崎にまで到達する性能だ。

さらに、ＥＶの優位性は部品の少なさだ。ＰＨＶ（プラグイン・ハイブリッド）と比較すると部品数は、10分の１。もはや、ガソリン車はＥＶに、あらゆる面で太刀打ちできない。

●東京・ＮＹ間を36分で結ぶ

マスクは近未来高速鉄道ハイパーループも構想している。

それは、真空チューブ内を超高速列車が疾走するというものだ。速度は約１２００キロ／h。ジェット旅客機の１・５倍。

彼は、スペースＸ社のＣＥＯも兼任している。

彼は、平然と語る。「地球上を一時間以内で移動できる」。それが、同社の〝ロケット旅客機〟だ。打ち上げると宇宙空間を高速飛行し目的地に逆噴射で着陸する。

「……東京・ニューヨークは、36分だね」

イーロン・マスクは、こともなげに言う。

スペースX社は、無数の衛星でインターネット回線を構築する（スターリンク計画）。すると、携帯電話回線も宇宙経由となる。

現在は地上の中継タワーが、マイクロ波を放射している。

これは、発ガン性、白血病、精神障害など、有害電磁波の害まで拡散している。

しかし、スターリンクなら、そのような人体被害も皆無となる。

彼の挑戦は、それにとどまらない。

スペースX社が将来見据えているのが、火星移住計画だ。

まるで、SF大好き少年の夢物語に聞こえる。しかし、イーロン・マスクは本気だ。

インタビューで「人生最大の夢は？」と聞かれて、こう答えている。

「火星で死ぬこと。ただし、衝突ではなくてね」

抜群のユーモアセンスも、彼の魅力だ。

彼が構想する人類の火星移住は、「量子力学」の「テレポーテーション」原理を応用したものになるだろう。その出発点は〝ジャンプルーム（時空実験室）〟となるはずだ。

クレイジーな人こそが、本当に世界を変える

●暴いた極秘検閲機関C-Cの存在

イーロン・マスクは誠実で良心的だ。

彼は6・4兆円の巨費を投じてツイッター社を買収し、世界を驚かせた。

理由を問われて、ただ一言……。

「言論の自由のため」

ツイッター社は、2020年、米大統領選挙の最終日に、なんとトランプ大統領のアカウントを永久停止した。一国の大統領の発言まで封じたのだ。それにマスクは対抗して、同社をみずからの〝小遣い〟で(!)買収。世界をアッと言わせた。彼は、言ったことは必ずやってのける。

そして、買収の翌日、全世界のツイッター社CEOを全員クビにした。

その翌日には、社員3分の2を解雇。まさに、電光石火のスピード。ちんたらやっている日本の経営者は、逆立ちしても真似できない。

さらに、二人の若者を調査員に任命し、ツイッター社が行ってきた悪事を徹底調査させた。

そうして、まとめられたのが『ツイッター・ファイル』だ。

その内容を下院公聴会で暴露させた。それも衝撃的。徹底精査で判明したのは「全世界的、国際的な極秘『言論検閲機関』（CIC）の存在だ。

イーロンは、これら〝闇勢力〟の組織を暴くのに躊躇《ちゅうちょ》しない。

一部情報では暗殺予告がひっきりなしとも聞く。しかし、まったく意に介さず、我が道を行く。

その精神力の図太さの土壌は、南アで過ごした幼少期の過酷な体験に負うことが大きい。

●何者も恐れない！ 幼少時期の過酷体験

彼の自伝『イーロン・マスク』上下巻（文藝春秋）は、痛快だ。

「……感情を逆なでしてしまった方々に、一言申し上げたい。私は電気自動車を一新した。宇宙船で人を火星に送ろうとしている。そんなことをする人間が、ごくふつうであるなどと、本気で思われているのですか？」（2021年5月8日、サタデー・ナイト・ライブにて）

さらに、その隣には盟友ともいえる故スティーブ・ジョブズの言葉が併記されている。

「自分が世界を変えられると、本気で信じるクレイジーな人こそが、本当に世界を変える」

彼の幼少年期は、けっして穏やかで幸せなものではなかった。

それより、逆境という表現がふさわしい。
彼は、人種差別で悪名高い南アフリカで産まれ、育っている。暴力は日常茶飯事だった。さらに、
「……学校はつらかった。誕生日の関係からクラスで一番幼く、体も一番小さかった。さらに、人間関係もうまくこなすことができなかった。共感は苦手だし、ほかの人に好かれたいとも思わない。だから、どこに行ってもいじめられ、顔を殴られた」(同書要約)
学校の朝礼で、ある少年とぶつかり、口喧嘩になった。昼休み、その子が仲間とやって来て、イーロンを後ろから蹴り、コンクリート階段に押さえ付け、馬乗りで顔や頭を蹴った。人相は変わり、だれだか判らないほど腫れ上がった。まぶたは潰《つぶ》れ、目がどこにあるかもわからない。
「……病院で治療を受けたが、学校は一週間も休むことになったし、それから何十年たってもなお、鼻の内側の組織を修復する矯正手術を受けている」(同)
「……だが、それほどの傷も、父エロール・マスクから受けた〝心の傷〟に比べれば、たいしたことはない。エンジニアの父親は、身勝手な空想におぼれる性悪で、まっとうとは言い難い。いまもイーロンにとって頭痛の種だ。このけんかのときも、イーロンの顔をめった打ちにした子の肩を持っている」(同)

狂った父親の精神的拷問と虐待に耐えた

●「ぼくの原点は苦しみ」

父親エロールの性格は、半ば狂っていた。

イーロンが、容貌が変わるほど殴られ、1週間の入院から退院して帰ったときのことだ。

「……病院からようやく帰ってきたイーロンは、1時間も立ったまま、大馬鹿だ、ろくでなしだ、とさんざんどやしつけられた。（父親は）ジキルとハイドみたいな人らしい。優しく接するかと思うと、1時間以上も虐待が続く。最後は、いかにイーロン・マスクがだめなヤツなのか、という話になる。『精神的な拷問ですよ』」（同書要約）

彼は、今もポツリと言う。

「ぼくは、苦しみが原点なんだ。だから、ちょっとやそっとでは、〝痛い〟と感じなくなった」

壮絶な少年期……。苦しみが原点……この言葉は、重い。

あの、誰とも打ち解ける柔和な笑顔の奥に、耐え難い地獄の苦しみがあった。

――艱難汝《かんなんなんじ》を玉にす――

彼は、人生の苦しみを、人類への慈《いつく》しみに転嫁したのだ。

彼は幼稚園時代から、〝変わった〟子どもだった。

先生が彼のところまで来て大声をあげている。

だが、幼いイーロンには、見えてもいない。聞こえてもいない。そんな感覚だった。

ついに、両親が幼稚園に呼び出された。園長は、きっぱり、こう言った。

「……イーロン君は、知的障害だと思われます」

先生たちは、彼はいつもボーッとしていて話を聞いていない、という。

母親は証言する。

「子どものころから、考えごとを始めると、まわりのことが入ってこなくなるんです。なにも見えない。なにも聞こえない。考えるほうに頭の全部を使ってしまい、そういう情報の処理ができなくなるのでしょう」

●DVから逃れ、百科事典に没入

「……マスクは社会性や人間関係、共感、自制などに影響のある自閉症スペクトラム障害の一種、いわゆるアスペルガー症候群であることを、後にはおおっぴらに語ったり、それこそジョークのネタにしたりするようになる。『子ども時代、じっさいにそう診断されたわけではないのですが、でもアスペルガーだと本人も言っていますし、まちがいなくそうだと私も思います』

と母親も語っている。子ども時代のトラウマもそれに拍車をかけている」（同書）

幼いマスクは父親の理不尽なDVから逃れるため、よく物置にひきこもった、という。

そこで、熱中したのが百科事典だ。

午後から夜まで9時間ぶっとおしで読み耽《ふ》けることもあったという。

実父の暴力から逃れるためとはいえ、幼少年時代に百科事典の世界に没入したことが、後に地球レベルの天才を生み出す下地となったのだ。彼の経営者としての八面六臂《はちめんろっぴ》の天才的な活躍の素地は、まさに、百科事典から得た博覧強記《はくらんきょうき》で培《つちか》われたのだ。

まさに、災《わざわ》い転じて、福となす。

――その後、両親は離婚した。イーロンが8歳の時だった。

しかし、異常性格の父親エロールとの宿縁は、それからも続いた。

イーロン・マスクの幼少年期の原体験は、常人の想像を超える。しかし、彼は、それを見事に昇華し、比類ない躍進の糧としたのだ。

それは、後に続くひとびとに、大いなる希望を与えてくれる。

彼こそは、21世紀の導きの〝光〟である。

ボクシング界の至宝、井上尚弥《なおや》はこうして生まれた

●キーワードは〝遊び〟と〝楽しい〟

「……お父さん、ぼくもボクシングやりたい……」

そこには、真吾さんを見上げる小学1年の眼差《まなざ》しがあった。

「……そうか」

父は笑顔でうなずき、小学生用のグローブを買い与えた。

その日から若きアマチュアボクサーと幼い息子とのトレーニングの日々が始まった。

6歳の一言――。それが、後の井上尚弥の人生を決定づけたのだ。

日本ボクシング界の至宝――井上尚弥の戦績には、ただただめまいを覚えるほどだ。

1993年生まれ、神奈川県座間市出身。世界バンタム級、スーパーバンタム級、史上2人目の2階級統一王者。27戦27勝（24KO）。最も権威のある米ボクシング誌『ザ・リング』で「PFP」ランキングで日本人初1位に輝く。これは全階級を通じ最強の称号である。

わたしも大学時代、ボクシングを少しやったことがある。だから、井上尚弥の全試合を見てきた。そして、毎度、舌をまいた。この完璧なオフェンス（攻撃）とディフェンス（防御）。

まさに、ボクシングの教科書そのもの。そして、軽量級とは思えぬパンチ力。89%KO率はまさに驚愕だ。

●「父は、かっこよかった」

若きチャンプは「父は、かっこよかった」と語る。

「……父親がやっていることへの憧れってあるじゃないですか。だから父が、野球が好きで野球をやっていたら、自分もやっていたと思います」

町田市にあるジムにも通った。練習日は週2回。家では真吾さんが、手取り足取り教えた。

「……父は遊びも交えて飽きないように工夫しながらやってくれていた」

父もアマチュアボクサーとして日々練習漬けだった。

「……今になって思えば、練習っていうのはそういうものなんだ。厳しいものなんだ、というのは父を見ながら覚えていった」

小3から練習は毎日となった。日々、ボクシング漬け。友だちとも遊べない。……辛い。疑問に思う。普通はそうだ。しかし、「それが、とくにないんですよね。ボクシングが生活の自然と生活の中にとけこんでいた」「いきなりきびしい練習が始まったわけでもない。生活になじんでいた。それと〝遊び〟ながら、息抜きしながらやっていたというのもデカいと思います」

高学年になると、父、真吾さんの塗装業が忙しくなり、一緒に練習に行けない日も出てきた。

「……すると、ぼくらは、弟の拓真《たくま》と従兄弟《いとこ》の浩樹とジムに行くんですけど、練習しないで更衣室のロッカーの中に入って寝たりしていました」

ほほえましい情景が目に浮かぶ。中学にあがっても楽しいジム通いだった。

「……一つ上の浩樹の同級生も2、3人かな、入ってきて、みんなでチャリ乗って〝遊び〟ながらジムに行って〝遊び〟ながらチャリで帰ってくるみたいな。だから、楽しかったですよ」

（『別冊カドカワ【総力特集】井上尚弥』）

――インタビューでは〝遊び〟という言葉がくりかえされる。

そして〝楽しかった〟。まさに、これらがキーワードだ。

「苦しかった」「辛かった」「嫌だった」。こんな言葉は、彼の口からは一言もでてこない。

●試合って勝ち負けつけんの？

「……ボクシングをやっている理由は何かと問われると、『試合に勝ちたいから』というのはないんですね。生活の中にボクシングがあったから。ただ、それだけなんですよ」

彼は「試合したいと思ったこともなかった」という。当時、キッズ・ボクシング大会が開催されていた。しかし、大会の存在すら知らなかった。真吾さんが見つけて、参加を決めてきた。

「……最初は恐怖しかなかったですよ。『えっ、試合って何？ 勝ち負けつけんの？』みたいな。自分は子どもの試合があることも知らなかった」（同）

初戦は、完全勝利……。それで「ボクシングをする理由が一つ増えたのかな」。

これから、父親の運転する車に家族で乗って、全国各地の試合に出場するようになる。

「……なんか、みんなで旅行しているような感じだったし、最初は怖かった試合もやってみると楽しかったですよ」(同)

中3の時〝U‐15全国大会に出場。みごと全国優勝を果たす。

それから、いまやレジェンドともいえる驚異の連戦連破が始まる。


——以上。

ボクシング界の最高傑作が生まれる素地は、まさに、子ども時代の伸び伸びとした〝遊び〟としての練習があったことがわかる。トップ・アスリートは、親がスパルタ式で学校の友達とも遊べなかった、親を憎んだ、という選手も多い。しかし、井上家は、ちがった……。

「……やる時はやる。遊ぶ時は遊ぶ。ジムに行かない時は行かない。そういうところが父はうまかったんだと思いますね。もちろん、体罰とか暴言とかはいっさいないです。大会で怒鳴られている子を見てびっくりしましたから。やっぱり父は教えるのはうまいと思いますよ」(同)

大谷を育てた「ああしろ」「これするな」と対極の子育て

●自主性を尊重する両親

——野球界の最高傑作が大谷翔平である。

奇しくも井上尚弥と同年輩。1994年生まれ、岩手県水沢市出身。もはや、だれもが知る前代未聞のピッチャー、打者の〝二刀流〟。それで驚嘆記録を増産し続けている。日本人スポーツ選手で最高年俸であり、さらにロサンゼルス・ドジャースとの「10年契約」総額7億ドルは世間を驚かせた。

重ねて、メジャーリーグ・ベースボール（MLB）で最高選手賞（MVP）を二度受賞。年間本塁打46本は、日本人として最多記録。まさに、不世出の天才選手として日本だけでなく、世界中で熱視線を集めている。

父は元社会人野球選手、徹さん。母、加代子さんは元バドミントン選手。二人の間に次男として誕生。兄、龍太氏はトヨタ自動車東日本硬式野球部に所属。まさに理想的なアスリート家族だ。

徹さんは少年野球部の監督を務めるなど、まさに野球こそが人生であった。

だから、大谷翔平も幼い頃から父とのキャッチボールなどで育った。

さらに幼稚園から水泳に熱中した。小学3年のとき「リトルリーグで野球をやる」と宣言。小5で「水泳はやめる」と決断。両親は、すべて息子の決断にゆだねた。

つまり「ああしろ」「これするな」とは対極の子育てだった。

この自主性の尊重が、大谷翔平ののびのび、おおらか、かつ野心的な性格を育てたのだ。

高校卒業後、「メジャーに行きたい」という夢はありつつも、日本ハムファイターズのオファーを受け、日ハム入団を決意したのも本人。さらに、前例のない「二刀流」選手になる、と決断したのも本人だ。両親は、いっさい口を出さなかった。

これは、「父母から信頼されている」という大谷翔平自身の自信につながった。

小学校3年生の時、水沢リトルリーグで全国大会にピッチャーとして出場。当時の捕手は「恐怖を感じるほど球が速かった」と語っている。その後、菊池雄星に憧れて、野球の名門花巻東高校に進学。野球部に入部すると3つの目標を立てた。

❶選抜甲子園で優勝、日本一になる。

❷日本人投手最速160キロを達成。

❸ドラフトで8球団からの1位指名。

——このように、少年時代から大谷の特徴の一つが具体的な目標設定である。そして、それに向かって日々、計画的に努力する。これが、他の少年と一線を画す。

●反抗期のない子ども時代

今や、世界一の野球スターとなった大谷翔平。どのように育ったのだろう?
父親、徹さんがインタビューに答えている。

▼「やりたい」ことを楽しくやらせる。
▼「野球の練習をしろ」と一度も言わない。
▼「勉強をしろ」と言ったこともない。
▼子どもの前では夫婦げんかをしない。
▼帰宅後は家族全員テレビを見て団欒《だんらん》。
▼兄姉弟揃ってリビングで一緒に勉強。
▼食事は必ず家族揃って会話しながら。
▼自分の物は、自分で片付けるように。
▼挨拶など親が手本となる行動を示す。
▼怒らない。強く叱った事もまったくない。

▼成績が悪くても取りくむ過程を評価。
▼何事も本人の意志を尊重して見守る。

――このように、両親から信頼され、温かく育てられた大谷翔平。それは、今でも柔和な笑顔と物腰から感じられる。そして、両親が語るには、彼に「反抗期」がいっさいなかったという。

父、徹さんは、幼い大谷翔平が所属していた少年野球チームで監督を務めていた。

しかし、グラウンドで厳しく指導しても、家庭ではいっさい、野球の話はしなかった。

つまり〝オン〟と〝オフ〟の切替え――それが大谷少年の幼いときから身についていた。

徹さんは監督を務めるリトルリーグのグラウンドでは、当然、他の子と我が子は、まったく同様に指導した。

しかし、自宅では翔平と「野球ノート」を交わしていた。つまり、交換日記である。

「……まわりから、多少もちあげられても、父の言葉で身がひき締まりました」

「交換日記」の習慣は、後の大谷翔平が人間的に成長する大きな糧《かて》となっている。

彼は、いまも日記を書いている。

「……その日に起きた『良かったこと』『悪かったこと』。自分が感じて『次はこうやろう』という内容を、書き込むようにしています」

つまり「願望」「目標」を具体的に書き記す。そのことで、未来の成功イメージが鮮明となり、

「実現」「計画」「努力」がくっきりと浮かび上がってくる。

将棋七冠王 藤井聡太、幼い頃の〝悔し泣き〟

●21歳で棋界最高位！

――若き希有《けう》な才能の持ち主といえば、将棋七冠の藤井聡太がいる。

2002年生まれ、愛知県瀬戸市出身。こちらは22歳と若い。それでいて――竜王、名人に加えて、王位、王将、棋聖、将王……などを獲得。つまり、全タイトルを総なめ！

まさに、日本の棋界に君臨する巨人というより怪物である。

しかし、その風貌は怪物とは無縁の、どこにでもいそうな穏やかな青年である。

その超人的なすさまじい戦歴は、もはや語り尽くせない。

タイトル奪取も一期にとどまらず、三期、四期と奪取している。

まさに、無敵無双。22歳で将棋界の最高位に君臨し、他者の追随を許さない。

彼は小学校に上がる前から基盤に向かっていた。

その〝神童〟ぶりは、出生地の愛知では、すでに有名であった。

幼い頃から取材を続けている記者、鈴木宏彦氏が、書き記している。

「6歳の3月。幼稚園の終わりごろから、藤井は瀬戸市の近郊で行われる将棋大会にも参加するようになる。そして、小学校1年生、7歳の冬には教室で『初段』になった。〝ふみもと子供将棋教室〟では、アマ初段になった子どもは、東海研修会への入会を勧めている。多くの先輩も研修会に入っていて、藤井も迷わず東海研修会に入った」（『藤井聡太の奇跡』マイナビ出版）

アマ段位とはいえ、7歳で初段とは驚愕の実力である。

●幼少期から「将来の名人」

「……教室には研修会から奨励会に進んだ子もいて、聡太も幼稚園のうちに自然に棋士を意識するようになったと思います。これまで200人以上の卒業生がいますが、その中で研修会に進んだのは10人ほど。私からプロ入りを勧めることはしません。ただ、プロを目指すという子には『それなりの覚悟をして勉強をしなさい』と言いますし、聡太はそれなりの勉強をしたと思います。聡太のことを知人たちは、当時から『将来の名人』と言っていました」（文本氏）

つまり、将棋教室の子どもたちの間でも、聡太の才能はずば抜けていた。

「……2010年3月、小学校2年生になる直前に7歳の聡太は、東海研修会に入会した。研修会では上位のクラスまで勝ち上がれば、奨励会入会の道が開ける。つまり、藤井は7歳でプロ棋界に続く入り口に立ったのだ」（前出『藤井聡太の奇跡』）

のちに藤井の師となる杉本昌隆《まさたか》八段は、語る。

「……初めて藤井と会ったのは、彼が小学校1年生で東海研修会に入会してきた時です。力は、アマ初段くらいだったのかなあ。ひときわ、ちっちゃくて目立っていたのですが、それよりも〝六枚落ち〟の下手を持って、高度な大局観の話をしたことにびっくりしました。『ずいぶん、ませたことを言う子だなぁ』というのが第一印象です」（同書）

●藤井少年の号泣シーン

鈴木記者は、聡太の〝泣きグセ〟についても、ふれている。

「……この時期の藤井には、『負けると号泣に近い勢いで泣く』というクセがあり、研修会でも有名だった。文本氏は語る。『教室でも、幼稚園年長のころには、もう負けると泣いていました。とくに昇級のかかった対局で、年上の強敵に負けたときは、しっかり泣いていましたね。聡太が2年生の時に、愛知県の強豪大学の将棋部と、うちの教室で対抗戦をやったことがあります。聡太が大将だったんですが、相手の大将に、いい将棋を逆転で負けた。あのときは、まわりも驚くほどの勢いで泣きましたね』」

2010年10月、「JT東海大会」低学年の部で、藤井は準優勝している。

そして決勝戦、聡太は和服姿で決勝戦に臨《のぞ》んでいた。結果は惜敗……。

「……和服姿の藤井少年が号泣するシーンが今でもテレビでよく流れる」（鈴木氏）

しかし、現在の藤井聡太は、そんな子ども時代は、ほとんど覚えていない、と笑う。

そんな彼を『藤井聡太の奇跡』は、こう記している。

「……思うに、笑ったり、泣いたり、怒ったりしていたのは、幼い藤井少年の素直な感情の発露で、本人は無意識のうちにやっていたのだろう」

●幼い頃出会った好きなこと

「物心ついたとき、もっとも好きなことをやらせなさい」

これは、何度もくり返し言いたい。まさに、人生の究極の真理である。


「遊びをせんとや生まれけむ」


この言葉を、死ぬまでくりかえして、生きていきたい。

われわれは、苦しむために、この世に生まれたのではない。

われわれは、楽しむために、この世に生まれたのだ。

鳥たちのさえずりを聴くがよい。

風に揺れる野の花を見るがよい。

鳥たちも、草花も、力一杯、生を謳歌している。

生きる歓びが、輝いている。

「遊び」とは「魂」を解き放つことだ。

そうすれば、目前には無限の可能性が広がる。

●富や名声は後からついてくる

これまで紹介した、イーロン・マスク、井上尚弥、大谷翔平、藤井聡太……など若き天才たち。彼らに共通するのは、5、6歳の物心ついたとき熱中したことを、今も続けていることだ。

まさに初志貫徹――。幼児期にめざめた「遊び」に、今も生きている。

彼らが金銭や名声に、まったく執着していないことに、世間は驚き、感動する。

世間を刮目《かつもく》させる成功も名声も富も……彼らの目的ではなかった。

それらは、徹底的に「遊んだ」結果として、ついてきただけだ。

そして――逆は真ならず。俗人は、富、名誉を目的としがちだ。

すると、その先に待つのは成功ではなく、挫折であろう。

なぜなら、そこには「無心」も「遊び」も、存在しないからだ。

澄んだ心で、この人生の真理をうけとめたい……。

第２章
フィンランド教育に学ぶ「子どもは、まず遊ばせる」

世界一と称賛されるフィンランド教育とは？

●カメラを肩に〝侵略〟するぞ

――必見の映画がある。『マイケル・ムーアの世界侵略のススメ』だ。

この作品は独特のユーモアと批判精神に満ちている。

『世界侵略のススメ』？　おだやかじゃないね。

タイトルには皮肉がこめられている。アメリカは、これまで軍事的に世界を侵略しまくってきた。監督は、そのことにたいする世界中の批判は重々承知だ。

だから、それを逆手《さかて》にとって、このタイトルをつけたのだ。

「……世界中には、アメリカがかなわない素晴らしい〝モノ〟を持っている国々がある。われわれアメリカ国民としては、それを何とか手に入れたい。だから、〝侵略〟させていただく」

ただし、空母や戦車は、持ちこまない。

その代わりに持参するのが撮影用カメラだ。

■マイケル・ムーア監督の快進撃が痛快

このドキュメント映画は、ムーア監督とスタッフによる旅の記録だ。

「……アメリカにない素晴らしい〝財宝〟を持つ国はないか？」

その発見と発掘の冒険の旅なのだ。

世界中を旅して〝お宝〟を見つけたら本国に持って帰るぞ！

ドキュメント監督として、マイケル・ムーアはこれまで多くの傑作を世に放ってきた。

アメリカ医療制度を批判する『シッコ』、9・11世界同時多発〝テロ〟を皮肉る『華氏911』、アメリカ資本主義を批判する『キャピタリズム』……など。

物議をかもす問題作を連発している。

しかし、その作品群には辛辣でありながらユーモアと愛のスパイスがまぶされている。

だから、観たあとには、ほほ笑みの余韻が残る。

●世界の教育コンテストを総なめ

さて――。『世界侵略のススメ』である。この作品こそ彼の真骨頂だ。

人間への愛。アメリカへの愛。それが作品の隅々《すみずみ》まで行き届いている。

これは、家族全員で観てほしい。世界中どの国々も、いろんな問題を抱えている。

しかし、悪戦苦闘、創意工夫をくりひろげながら素晴らしい成果をあげている国もある。そんな素晴らしい〝モノ〟があるなら、いただいて、本国に持って帰ろうじゃないか！

こうして、キャプテン・クック船長ならぬムーア率いる海賊ではない撮影チームは、フィンランドの地に上陸した。

彼が目をつけたのがフィンランドの教育制度だ。それは、世界一と称賛されている。世界中で教育成果を競うコンテストが行われている。科学、数学、語学……など。世界各国から選抜された子どもたちが、その成果、能力を競い合う。

そんななかで、トップをとるのは、ほとんどフィンランドの子どもたちだという。国際コンテストを総なめにする！　フィンランド教育と他の国とは、どこがちがうのか？

ムーア船長の疑問も、この一点にあたる。

●29歳文部大臣の教育改革

じつをいうと、かつてのフィンランド教育は荒《すさ》んでいた。

これは現在のアメリカと同じ。学校は荒れており、教育は一種の崩壊状態にあった。

そのときとった政府の決断には、耳をうたがう。

１９９４年、政府は29歳の若者を文部大臣に任命した。そして、こう命じたのだ。

「……君の思うように改革してごらん」

このへんが信じられない。若干30歳前の青年に一国の教育をゆだねたのだ。

若き文部大臣へイノネン氏は、この大任を受け入れた。そして、大胆な教育改革を次々に打ち出した。
それは——

（1）**「通信簿」廃止**：義務教育の現場から、子どもの優劣を比較する通信簿を全廃。
（2）**「偏差値」廃止**：やはりテストによって優劣をランク付けするので全廃にした。
（3）**「宿題」廃止**：いわゆるホームワーク。家庭に学校教育をいっさい持ち込ませない。
（4）**「共通テスト」廃止**：日本ではおなじみの共通一次テストなどだが、これも全廃だ。
（5）**「有名校」廃止**：すべての学校の優劣格差をなくした。日本では考えられない。
（6）**「教科書」廃止**：日本のような教科書検定制度は存在しない。すべて自由教材で行う。
（7）**「授業短縮」**：学習指導要領を3分の1に。なんと日本の約3分の2。
（8）**〝遊び〟最優先**：教育現場では〝勉強〟ではなく子どもたちの〝遊び〟を最優先する。

……ここまで読んだ日本の教育関係者は、目をむき、絶句するだろう。

「なんだこりゃ！」「とんでもない」「〝ゆとり教育〟だ」「失敗するに決まってる」

●教員の養成予算を2倍に！

〝ゆとり教育〟——この言葉に、日本の教育関係者は一様に渋い顔をするはずだ。

これは「受験戦争が子どもたちをダメにしている」という反省から、生まれたものだ。

キャッチフレーズは、「つめこみ教育から、ゆとり教育へ！」

しかし、その結果は、惨澹《さんたん》たるものだった。

日本の〝ゆとり教育〟の「成果」は、学習塾を繁栄させただけ……と皮肉られる始末。

つまり、日本の〝ゆとり教育〟の実態は、授業時間を減らしただけなのだ。

フィンランド教育が行った、（1）から（5）までの根本的な問題は、そのまま放置された。

だから、〝ゆとり教育〟の正体は、たんなる〝手ぬき教育〟だったのだ。

学校の授業がおろそかになったことに、父母たちは不安と不満を抱いた。だから、子どもたちを進学塾に通わせた。こうして、〝ゆとり教育〟は全国の進学塾を大繁盛させたのだ。

かくして、日本の〝ゆとり教育〟は大失敗に終わり、教育現場は元の木阿弥《もくあみ》となっている。


日本の〝ゆとり教育〟は大失敗。フィンランドの〝ゆとり教育〟は大成功――。


両者のちがいは、いったい何だろう？

29歳の文部大臣は、したたかだった。彼は9番目の秘策を練っていた。

（9）**「教育予算」倍増**：具体的には教員養成の予算を倍額としたのである。

〝ゆとり教育〟なのに、教員養成に最大級注力したのだ。

「教師こそ教育の要」。全教員には修士号の資格が求められる。

子どもは一人ひとり、性格も素質も異なる。それを理解して、優秀な人材を教育現場に送り込み、最適な学習方法をマンツーマンで個別に指導させたのだ。

まず遊ばせる。子どもは〝遊び〟から学ぶ

●〝勉強〟より〝木登り〟だ

29歳の文部大臣の英断で示されたフィンランドの教育方針――。

それは、今も受けつがれている。

そして、世界中から称賛される教育成果として結実しているのだ。

ドキュメント映画『世界侵略のススメ』に次のシーンがある。

小学校のキャンパスをムーア監督と小柄な女性校長が並んで歩いている。ムーアが質問する。

——フィンランド教育でもっとも大切にしていることは何ですか？

校長は、即答する。

「……遊ばせることです」

監督は、感心して、うなずく。彼女は、続ける。

「……子どもは、〝遊び〟から学ぶのです、いいですか。そして、子どもでいる期間はあまりにも短いのです。だから、〝勉強〟と〝遊び〟どちらを優先するか？と聞かれたら、迷わず遊ばせます。〝勉強〟より木登りしたければ、木に登らせます。子どもは、そこから何かを学ぶはずです」

校長は、大柄なムーア監督を見上げる。

「……アメリカでは、子どもたちに『あなたも大統領になれる』と教えるでしょう。私たちは、そういうウソは言いません。その子が大人になって社会でどう生きていくか？　その生き方を教えるのです」

校庭では、子どもたちが元気いっぱいに走り回っている。

笑顔と歓声が飛び交い、心底楽しそうだ。

まさに、〝遊び〟をせんとや生まれけむ……。

映画の冒頭シーンがまた笑わせる。

それは、奥さん運びレースだ。旦那さんが愛妻を抱えて走って順位を競う。

これほど、ばかばかしいレースはない。しかし、参加者は思い思いの格好で奥さんを担いで、ときには転んで泥だらけになりながら、笑顔でゴールイン。

それを見守るムーア監督も肩をすくめる。

「……こんな国の教育水準が世界一とは！　さあ、その謎に迫っていくぞ」

●「極秘事項」宿題がない！

「……フィンランドの学校は、西欧諸国でもっとも授業が少ない。授業を減らしても、学力が伸びた。いったい、どうやって？　秘密は何か？」（ムーア監督）
取材に応じたのはフィンランド文部大臣、K・キウル女史。
ムーア：敵の文部大臣を直撃したら、いきなり先方が「極秘事項」を暴露した。
大臣：……宿題がないの。
ムーア：宿題を廃止した？
大臣：子どもらしく日々を楽しまないと（笑）。
高校校長のP・マジャサアリ氏が答える。
校長：宿題という概念自体が、すでに時代遅れだと思います。
ムーア：〝時代遅れ〟……？

校長：廃止すれば、生徒たちは、放課後にもっといろんなことができるでしょう。

監督は、ただポカン……

●生徒はふつうに英語で答える

監督は生徒たちにも質問する。

ムーア：昨夜、家でどれだけ勉強した？

子どもたちは笑いながら口々に答える。

「やったとしたら最大10分くらい」「20分もしないよ」

フィンランドでは、家庭学習などしないのが、あたりまえなのだ。

ムーア監督が、中学生くらいの女の子にインタビューする。

まずその扮装にギョッとした。まっ赤に染めたオカッパ。さらに、鼻にピアス。口紅もけばい。世界的な監督の前でも、まったく自然体で臆してない。

日本でこんな格好で登校したら職員会議ものだな……と、心の中で苦笑。

しかし、気づいたら彼女は英語でムーアと会話しているのだ！

その〝学習〟成果に仰天した。フィンランドには、いうまでもなくフィンランド語がある。

〝フィニッシュ〟と呼ばれ、世界でも難しい言語と言われる。なのに少年少女たちは、母国語でなく英語の質問に、ふつうに応じて、ふつうに英語で答えているのだ。

3、4か国語ペラペラは、あたりまえ！

●英語、ドイツ語、スウェーデン語……

「……きみたち、言葉は何か国語しゃべれるのかな？」

監督がたずねると、赤毛の女の子は「母国語と英語、スウェーデン語」。

その次のピアスの子も、隣の男子も3か国語はザラ。ある女生徒はスゴイ。

「……母国語、英語、ドイツ語、スウェーデン語、フランス語、スペイン語」。

生徒たちのほとんどがバイリンガルならぬ、マルチリンガルなのだ。

「ワオ……」監督は、あぜんとして声にならない。

アメリカ留学経験者、A・タイパレ君が語る。

ムーア：フィンランドに帰ってホッとしたことは？

タイパレ：選択式のテストがないことですね。
ムーア：こっちにはないの？
タイパレ：あっても少し。アメリカじゃ、全部だもの。
ムーア：選択肢から選ばないで、どうやって答えるの？
タイパレ：自分で書くんですよ（笑）。だから、正確に知らないと書けない。

監督は、ただただ感心、首をふるのみ。

英語アレルギーを植えつけろ

●10年学んでもしゃべれない日本人

これら生徒たちとの会話シーンで、わたしは「まいった！」と心底降参した。外国の映画監督のインタビューに、ふつうに英語で応じられる中学生？　はたして日本に何人いるだろう？　それも、まったくネイティブと同じ、母国語のように英語をあやつっている。
日本人は、中学、高校、大学、あわせて10年間も英語を学んでいる。そして、ほとんど誰も話せない。これは、世界でも七不思議とされている。ピラミッドと並ぶ〝謎〟なのだ。

ある国際比較にガク然としたことがある。

それは世界62か国の英語能力をランキングしたものだ。日本は？と注目してガックリ。

なんと61位……！　ビリから2番目という情けなさ。気になってドンジリを見る。

それは北朝鮮……。まさに、日本と北朝鮮こそが、英語能力の世界二大落ちこぼれなのだ。

日本の英語教育ほど〝狂育〟の名にふさわしいものはない。

10年学んで、一言もしゃべれない。東南アジアやアフリカなど、いわゆる発展途上国ですら、幼い子どもでも、片言で英語は話す。

日本人は、大学という高等教育を受けた人ですら英語で会話できる人は、ほとんどいない。

その最大原因は、学校の英語教育（狂育）にある。

言語は、コミュニケーションの道具だから、通じなければ意味がない。

しかし、日本人だけは10年英語を学んでも「聞けない」「話せない」。

それは、そうなるように、英語狂育が仕組まれているからだ。

つまり、戦後、英語教育の基本方針は、日本人を英語嫌いにする――。これにつきる。

中学1年、英語教科書1ページ目は「アイアム・ア・ガール」「アイアム・ア・ボーイ」だった。しかし、日常の会話で「私は少年です」と言う機会など、絶対にない。見ればわかる。

つまり、ふだん日常で絶対に使わない表現を、まっさきに教えるのだ。

これらは、実はヤバイ表現なのだ。

ニューヨーク辺り、場末バーの片隅。一人の男がグラスを傾けている。そこに、怪しく着飾った女が、艶っぽく、耳元でささやく。

「……アイアム・ア・ガール」。

男はにやりと笑って聞き返す。

「ハウマッチ? ワンナイト」

もう、おわかりだろう。「アイアム・ア・ガール」とは「私は売春婦よ」という意味なのだ。

つまり、日本の義務教育の現場では、中学1年の女子に、こともあろうに「私は娼婦です」と唱和させているのだ。「アイアム・ア・ボーイ」も同様だ。「アタシは男娼ヨ」という意味だ。

海外の人達は、あきれ返って肩をすくめる。眉をひそめる。まさに、知らぬはニッポン人ばかり……。

●日本人は楽しむな! 苦しめ!

戦後、GHQ(連合国軍最高司令官総司令部)は「日本人に英語を習得させるな」が至上命令だった。

広島、長崎に原爆を落としたトルーマン大統領は公式声明で断言した。

「われわれは、この国のサルたちを支配する。それは、スポーツ、スクリーン、セックスの〝3

S政策〟でふぬけにして、とことん働かせて、永久に収奪するのだ。それは、戦勝国である我々の特権である」

つまりは、日本人を人間とは思っていない。だから家畜なみのサルなのだ。

家畜に言語を教える馬鹿はいない。それだけではない。

世界を支配してきた〝闇勢力〟が、日本支配に用いたのが徹底した愚民化の手法だ。

この〝3S政策〟など、そのさいたるものだ。

日本人を英語嫌いにするため、強要されるのが英文法だ。

これで、言語が学問になってしまった。不定詞、過去完了、現在完了、関係代名詞……こう、書き連ねただけで、英語アレルギー発作が再発するひともいるだろう。

海外の英語ネイティブ・スピーカーでも、こんな文法を覚えて喋《しゃべ》っている人は皆無だ。

しかし、日本の学生たちは、これら無意味な文法用語をアタマに詰め込まれる。

こうして、ほとんどの人が英語アレルギーの「症状」を発症する。

アレルギーとは始末に困る。本人の意思とは関係なく、発症する。それは、一種の条件反射だ。このアレルギー「症状」は、一生続く。つまり、英語嫌いも一生続くというわけだ。

日本人をサルレベルに貶《おとし》めようとたくらんでいる連中にとっては、狙いどおり。

こうして、世界でも例を見ない英語不能国家が完成したのだ。

フィンランドの生徒たちは〝勉強〟という〝学問〟で、外国語を覚えたのではない。

〝遊び〟という〝感覚〟で、身につけたのだ。それは、楽しい快感だ。

それに対して〝遊び〟と対局の〝勉強〟は苦しい。辛い。面白くない。つまり不快だ。

言語が身につくどころか、体はその不快感に反発する。それは、その他、すべての学問にいえる。

つまり、戦後狂育は、あらゆる学問をアレルギー源にしてしまった。

日本の学校には笑い声が響かない。それも、とうぜんだ。先生たちもくらい顔をしている。

〝遊び〟と〝勉強〟――。どちらが楽しいか？　もはや言うまでもない。

それも、あたりまえだ。こうして、学校はいつのまにか〝洗脳〟のための強制収容所と化してしまった。

フィンランド教育は、なぜ世界一となったのか？

●２００３年「世界一の学力」に

――以下、フィンランド教育成功を総括する好論文がある。

『フィンランド教育の成功に関する一考察』（ＩＫ０４Ｂ１５７‐６）

■目的：

今日、日本の学力低下が騒がれている。教育基本法改正や、総合的な学習時間の削減、完全学校週5日制の廃止など、今後の日本教育の方向性は模索中である。

そこで、2003年度のPISA調査で、「世界第1位の学力」を持つとされたフィンランド教育に注目し、その成功に関して考察する。

目的は、以下の2点である。

（1）フィンランド教育が世界第1位になった成功の理由を明らかにする。

社会背景、教育方針、教育方法、学校実態など、その成功に迫る。

（2）フィンランド教育と日本教育を比較する。

そうして、今後の日本教育の課題を検討する。

フィンランドに学び、吸収すべきはどこか？　現在の日本教育方針の改善すべき点を考える。

（＊注）PISAとは、OECDによる国際的な、生徒の「学習到達度」調査のことで、15歳の生徒を対象に、テストで「読解」「数学」「科学」「問題解決」の4分野での能力を測る。PISAでは、情勢変動が激しい現在社会を生き抜くのに必要な実践力、応用力、思考力、創造力を評価する。

●世界一に導いた8大基本方針

この論文では、フィンランドが世界一となった「理由」として、教育方針8点をあげている。

1. **平等教育**：一人ひとりを大切にする平等性徹底。
2. **自発尊重**：子らが自分のために学ぶようにする。
3. **基礎教育**：義務教育は統合的に行い選別しない。
4. **少人数制**：少数精鋭のマンツーマンで対面教育。
5. **底上げ制**：低学力層を絶対落ちこぼれさせない。
6. **ゆとり教育**：詰込み教育でなく余裕をもって学ばせる。
7. **優良教師**：質の高い教師、働きやすい環境保証。
8. **無償教育**：すべての義務教育は完全無償とする。

（一部要約）

さらに、論文は、以下を付記する。

「……他に、図書館の意義も大きい。フィンランドは読解力が、世界トップを誇る。その図書館利用率も世界一。本を読むという行為は国語力の育成に効果的である」

●家庭、国家、会社もサポート

論文は、フィンランド教育が世界一になった理由に、家庭教育もあげる。

「……フィンランドには、育児を支える充実した福祉制度と、子どもの育つ魅力ある環境がある」

そして、政府はこれらを全面的にバックアップしている。

さらに、この「国からの手厚い支援が、出生率の向上につながっている」。

企業のありかたも無視できない。

「……フィンランドの会社は、始業も終業時間も早い（午前8時～午後4時頃）。そのため、夕食は家族全員で早目にとる。プライベートや家族で過ごす時間を大切にするので、家庭での教育がしっかりとれる」

ナルホド……。日本とはエライちがいだ。

――以下、結論。われわれ日本人は、おおいに学ぶべきだ。

フィンランド教育が世界一になった大きな理由は……。

（1）「読書率」の高さ、（2）国の福祉による支援、（3）平等教育の機会保証、（4）少人数学習と個人学習、（5）細やかな個々への支援、（6）以上を可能にする教師の質の高さ。

日本の教育現場をふりえかえってみよう。

はたして、これら（1）～（6）の配慮が行き届いているだろうか？

日本の教師は、こうぼやくだろう。

「〝ゆとり教育〟にしたら、落ちこぼれが出ますよ」

ところが、フィンランドの教師たちは、十二分に配慮している。

「……きわめて高い学力を育てていくよりも、低学力層の底上げを重視する考え方が、世界一の学力に大きく貢献している」（同論文）

●幸福度1位と51位の差

「……子どもも教師も身体的・精神的にも、ゆとりある環境で、精練されたすぐれた教師により、自主性や共同性を強調する教育を受けることが大事である」（同論文）
ここで、筆者は日本の教育現場の悲劇を指摘する。
「……一方、日本の教員は、教科の授業以外の仕事が非常に多く、心身ともに負担を感じている。また、一学級の生徒数は、40人前後が平均であり、国際的にみると非常に生徒数が多い。これは、個々に応じたきめ細かい支援ができない」（同）
では――。どうしたらいい？
「……これを解決するには、ゆとりある環境をつくりだし、質の高い教師を養成し増やすこと。教師の仕事を厳選し、雑務などを社会全体でフォローしていくこと。学級編成も少人数制にす

るなど、工夫が必要である」(同)

最後に、筆者は以下、訴えている。

「……日本教育のめざすべき目標をしっかりと方向づけして、国全体で忍耐強く努力し続けることが大事である」

フィンランドの国民幸福度は7年連続で1位だ。そして、日本は51位……。

まずは、この大差を直視すべきだ。この格差がどうして生まれたのか?

心をしずめ、われわれは問い続けなければならない。

諸外国は「日本人はやさしく、思いやりがある」と絶賛する。

しかし、われわれの国家は「はたして、本当に国民にやさしいか?」

目をそらさず、まず問いつめなければならない。

教育費は無償で、教師の質はきわめて高い

●教師は社会的な名誉職

――フィンランド教育成功の〝秘密〟をさらに深掘《ふかぼ》りしていこう。

同国は国家予算の約6％を教育にあてている。そのため、優秀な教師や十分な教育資源が確保される。つまり、教師の質は高い。そして、教育費は無償だ。

「……教育への投資が高いことで、生徒たちに無料の教育が提供されるだけでなく、給食や教科書も無料で提供されています」（『かいざーのサクッと自己研鑽ブログ』https://note.com/kaiser_aiblog）。

日本国憲法も国民に教育を受ける権利を保障している。なら、少なくとも義務教育は、すべて無償がとうぜんだ。これこそが、真の機会均等といえるのである。

「……フィンランドでは、教師の地位が非常に高く、教師になることは名誉な職業とされています。また、教師になるためには厳しい資格試験に合格し、修士号を取得する必要があります。これにより、教師の質が高く保たれ、生徒たちに質の高い教育が提供されています」（以下、同ブログ）

●有名校などありえない

「……フィンランドの学校教育は、生徒たちに柔軟な学びの機会が提供されています。試験や宿題に焦点をおくのではなく、生徒たちが自分の興味や強みを追求できるような、個々のニーズや能力に合わせた指導が行われ、自主性と創造性を育《はぐく》むことが重視されています」

まさに、受験戦争一本槍の日本とは、えらいちがいだ。だから……。

「……フィンランドでは学校間の競争がほとんどなく、公立校でも私立校でも、教育の質が高いことが一般的です。これにより、生徒たちはプレッシャーを感じることなく学ぶことができ、自分のペースで成長することができます」

つまり、平等性を重視。フィンランドではどの学校でも基本的には同じカリキュラムだ。

「学校選択制度がなく、住んでいる地域の学校に通う」

「経済的な背景や家庭環境に拘らず、全ての子どもたちが良質な授業を受けることができる」

さらに――。

「……学校と家庭が密接に連携し、子どもたちの成長をサポート。教師は家庭訪問を行い、保護者とのコミュニケーションを大切にする。また、家庭での学びや読書が重視される。幼児期から教育が充実し、生涯学習を重視。幼稚園から高校まで教育が保障され、大学や職業訓練に進むことが容易に。これによって生徒たちは自分のキャリアや人生を切り開く力を身につけることができる」

第３章

若者の〝自殺率〟ワーストワン
〝ひきこもり〟146万人

日本の子ども2人に一人が「……死にたい」

●10〜39歳の死因1位は〝自殺〟

日本の最大危機——。

それは、若者たちが、生きる気力を、なくしていることだ。

それを、証明する衝撃データがある。

10歳から39歳まで、若い世代の死亡原因トップは、すべて「自殺」なのだ【図版1】。

これほど悲しいデータはない。そしてこれほど恐ろしいデータはない（厚労省調査、2022年度）。G7（日、英、米、仏、独、加、伊）で若者（15〜29歳）の死因1位が「自殺」なのは、唯一日本だけ……。

15歳未満の子どもたちも悲惨だ。2022年、小中学生の自殺者数は、過去最多の514人にたっしている。いたいけな子どもたちが、これだけの数みずから命を絶ったのだ。

われわれは、目をそらしてはならない。この現実を直視しなければならない。

「……自殺リスクが高まるのは、『自己肯定感』や信頼できる『人間関係』『危機回避能力』といった〝生きることの促進要因〟よりも、『過労』『生活困窮』『育児や介護疲れ』『いじめ』『孤立』

■若者よ、ぜったいに死ぬな! 生きろ! 未来はある

【図版1】年代ごとの死亡率TOP3

年代	1位	2位	3位
15-19歳	自殺(9.8)	不慮の事故(3.6)	がん(2.2)
20-24歳	自殺(17.4)	不慮の事故(5.2)	がん(2.7)
25-29歳	自殺(16.9)	がん(4.2)	不慮の事故(3.8)
30-34歳	自殺(17.7)	がん(7.9)	不慮の事故(4.0)
35-39歳	自殺(17.6)	がん(14.9)	心疾患(5.5)

(カッコ内は10万人あたりの死亡率)

出典:厚生労働省 令和元年(2019)人口動態統計月報年計(概数)の状況

などの〝生きることの阻害要因〟が上回ったときだといわれています」(「チャリツモ」http://charitsumo.com/)

●社会、学校が〝生命力〟を奪う

これまで、自殺に追い込まれるひとは、人生に疲れた高齢者などが多かった。

しかし――。

なんと、未来に夢を抱いているはずの若年層に自殺が急増しているのだ。

「……内閣府の調査で、日本の若者の『自己肯定感』(「自分が好きだ」という気持ち)は諸外国に比べて、低いことが判っています。また、国内の『虐待』件数や『いじめ』の認知件数は、増加する一方です」(同サイト)

つまり、生命にとってもっとも大切な〝生

きる力〟を、若いひとたちは失っている。

「……文部科学省が定める学習指導要項は〝生きる力〟を掲げています。しかし、皮肉なことに日本社会は、(学校も含めて)子どもたちの〝生きる力〟を奪い続けている……」(同サイト)

若者たちの〝生きる力〟を奪い続けているのは社会、学校なのだ。

その最大元凶は国家だ。具体的には文科省だ。〝かれら〟が日本の子どもたちの〝生きる力〟を奪っている。削ぎ取っている。しかも文科省が学習指導要項で「子どもたちの〝生きる力〟を育てよう!」と謳《うた》っている。なんという皮肉。なんという自覚のなさ……。

これは、子どもたちの首を締めながら「息をしろ!」と励ましているのと同じだ。

まず、自分たちが、子どもたちを窒息させている。その現実を直視すべきだ。

「……2人に一人が『死にたい』と願い、〝自殺〟を考えた」(18~19歳、日本財団調査、2022年)

この数字には、暗澹《あんたん》とする。

さすがに社会もこの現実を深刻に受け止めているようだ。〝自殺〟を回避するため、「チャイルド・ライン」「子どもの人権110番」「子どもSOS相談」などの相談窓口を設けている。

〝ひきこもり〟146万人の悪夢

●30～40％も急増中

〝自殺〟とならんで若者たちをむしばむのが〝ひきこもり〟だ。

「——日本の〝ひきこもり〟は146万人にたっする」（内閣府調査）

2022年11月、15～64歳を対象に行った調査の衝撃結果だ。

ここでは、〝ひきこもり〟を次のように定義している。

（1）「趣味・用事の時だけ外出する」、（2）「自室からほとんど出ない」、（3）「これらの状態が6か月以上続いている」。それは、この年齢層の2％にあたる。つまり、50人に一人が〝ひきこもり〟状態なのだ。その定義は「外出をほとんどしない」「その状態が長期間続く」。

だから、当然、青少年なら登校拒否だ。社会人なら通勤拒否……というより、もはや休業状態。勉学もせず、仕事もしない。ただ、家の中に〝ひきこもって〟いる。

だから、食い扶持《ぶち》を養う家族がいる。

「……子ども・若者層では、7年前の調査1・57％から2・05％に、中高年層では、4年前の1・45％から2・02％に増えている」（同調査）

これほど短い期間で、日本の〝ひきこもり〟は30～40％も急増しているのだ。

「……40～64歳までは女性が52・3％と半数を上回り、15～39歳でも45・1％」「これまで男性の問題と受けとめられていたが、女性にも広く存在している」（同調査）。そして安心できる場所として「ＳＮＳなどのインターネット空間を居場所ととらえる割合が高くなっている」。

●お先真っ暗！ ８０５０問題

日本人は、よく〝引っ込み思案〟といわれる。それは、〝でしゃばらない〟美質ともとらえられてきた。しかし、〝ひきこもり〟となると、これは立派な社会病理だ。

自分の部屋から出ない。働かない。学ばない。衣食住は家族に依存。これは、〝自殺〟についで、生きる気力をなくした状態だ。まさに、日本社会の損失である。

とくに深刻なのは、40歳以上の、中高年〝ひきこもり〟の急増だ【図版２】。

２０１０年、９・８％が、わずか約10年で、31・９％と3倍超も増えている（出典：『ＫＨＪ全国実態調査報告書』）。これは、若年層の〝ひきこもり〟者が、長期化、高齢化していることを表す。この中高年層の〝ひきこもり〟を養っているのは老いた父母だ。乏しい年金をやりくりして、中高年になったわが子を養っている。しかし、老父母も老い先は長くない。

40代の〝ひきこもり〟が50代になる。すると老親は80代。これが８０５０問題だ。

食住の面倒を見てくれた父母も他界する。

■150万人近いひきこもり！ 世界でも異常事態だ

【図版2】40歳以上の引きこもりの割合

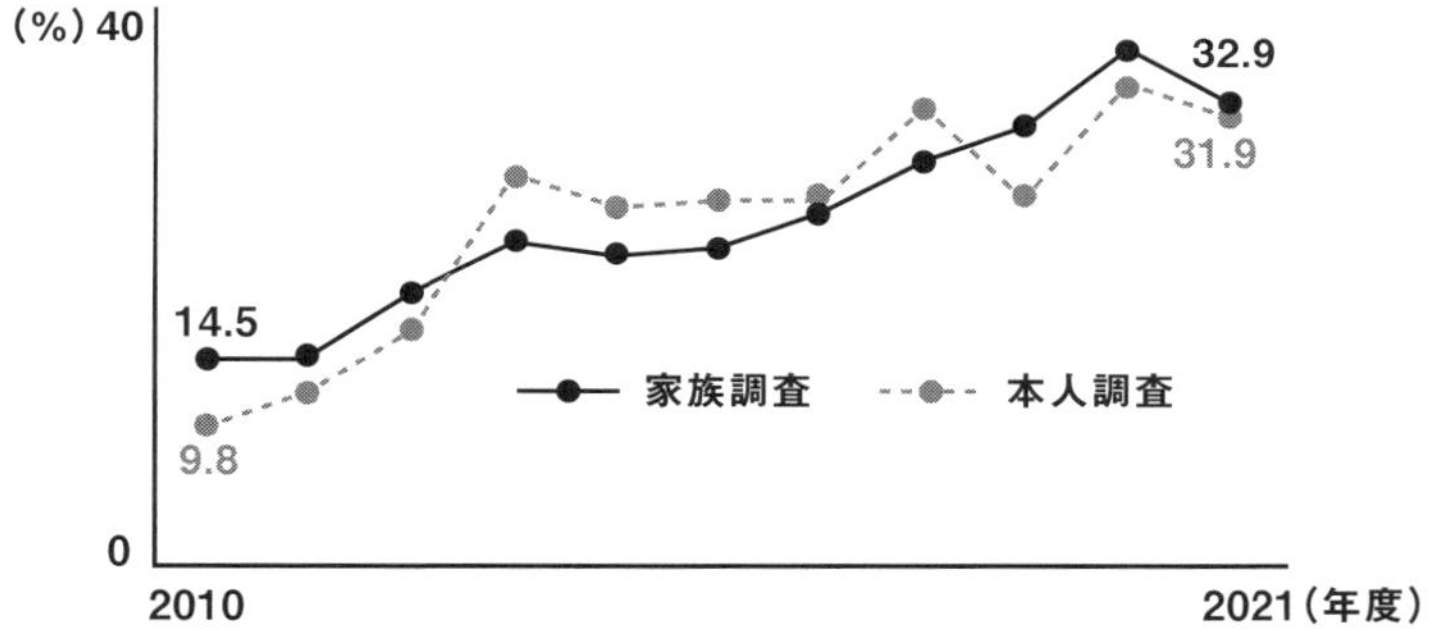

2010年には40歳以上の割合が10%程度だったが、2021年には30%を超えた

出典：『KHJ全国実態調査報告書』（KHJ全国ひきこもり家族会連合会）

すると、中高年にたっした〝ひきこもり〟は、たった独り、とり残される。すると、彼らはどうやって生きていけばよいのか？

プロローグで触れた惨劇は、まさに8050問題そのものだ。

〝ひきこもり〟が、すべて、このような犯罪、悲劇につながるわけではない。

しかし、深刻な日本の危機であることは、論を俟たない。

■「管理職になりたい」若者、日本は14か国で最低

【図版3】会社で管理職になりたいか？(5段階尺度)

(スコアは「そう思う」「ややそう思う」の合算値)　ベース：非管理職（一般社員・従業員）

順位	国・地域	回答者数	全体(%)	順位	国・地域	回答者数	全体(%)
1位	インド	94	86.2	8位	韓国	410	60.2
2位	ベトナム	360	86.1	9位	台湾	580	52.2
3位	フィリピン	402	82.6	10位	香港	577	51.3
4位	タイ	417	76.5	11位	シンガポール	419	49.6
5位	インドネシア	361	75.6	12位	オーストラリア	487	44.8
6位	中国	383	74.2	13位	ニュージーランド	549	41.2
7位	マレーシア	294	69.0	14位	日本	387	21.4

出典：パーソル総合研究所　アジア太平洋の14カ国・地域のビジネスパーソンに聞いた「管理職になりたいか」調査

●「管理職」になりたい最下位

日本はアジア最貧国になるかもしれない。

だれもが、マサカと耳を疑うだろう。

わたしも杞憂《きゆう》であってほしい。

プロローグでも軽く触れたが、【図版3】を見れば、誰もが絶句するだろう。

「会社で管理職になりたいか?」

アジア太平洋14か国の若者に質問している。

この質問に、1位インドは86・2%が「YES」。2位ベトナム、86・1%。3位フィリピン、82・6%。4位、タイから6位中国まで「YES」は70%超。

7位マレーシアから8位韓国、60%台……。そして、13位ニュージーランドですら「YES」41・2%。つまり10人中4人は「管理職になりたい」。

■日本の若者は「会社で出世もしたくない」！

【図版4】会社で出世したいか？（5段階尺度）

（スコアは5段階尺度の平均値）　ベース：全数

順位	国・地域	スコア	順位	国・地域	スコア
1位	タイ	4.7	8位	中国	4.0
2位	フィリピン	4.6	9位	台湾	3.9
3位	インド	4.5	10位	オーストラリア	3.9
4位	ベトナム	4.5	11位	香港	3.8
5位	マレーシア	4.3	12位	ニュージーランド	3.7
6位	インドネシア	4.3	13位	韓国	3.7
7位	シンガポール	4.1	14位	日本	2.9

出典：パーソル総合研究所　アジア太平洋の14カ国・地域のビジネスパーソンに聞いた「会社で出世したいか」調査

このようにアジア13か国の若者は、職場で上昇志向が強い。

つまり、人生が前向き、上向きなのだ。

ところが、ここでだれもが目をうたがう。

日本は14位と最下位だ。さらに、目をむく。

「YES」は21・4％。ビリから2番目ニュージランドのガクンと半分。日本の若者たちは、ここまでやる気がない。

【図版4】の「会社で出世したいか？」。

やはり、ここでも日本の若者だけは、絶望的だ。他の13か国は、「YES」（出世したい！）。アジアの若者たちは、未来に向かって元気いっぱいだ。「出世して金を稼ぐぞ！」。その意気込みが伝わってくる。

しかし、日本の若者は、またもや最下位。

それも、やはりビリケツのさらに半分……。

職場での、日本の若者のやる気のなさは、

■「出世に興味ない」若者が日本でダントツとは

【図版5】将来的にどの役職まで出世したいか？

（20〜30代の会社員300名を対象にしたアンケート結果）

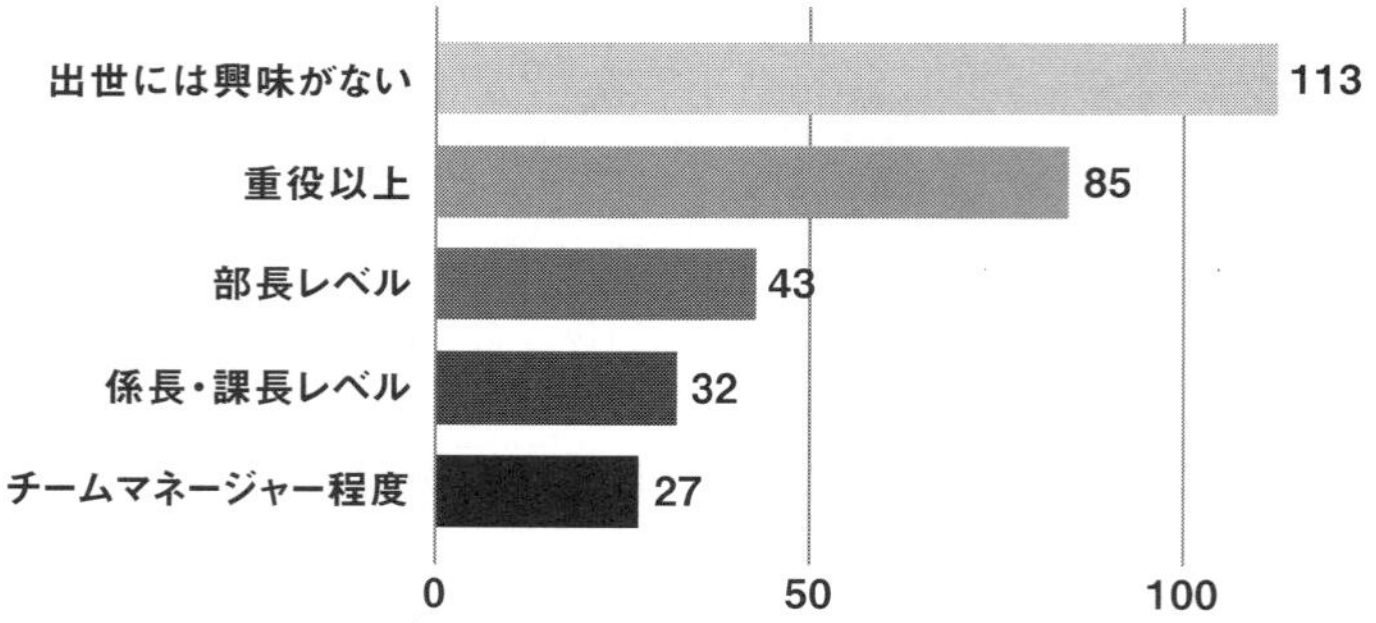

出典：「識学総研」調査

まさに目をおおうばかり。

「将来的にどの役職まで出世したいか？」【図版5】

これは、20〜30代の会社員300名を対象に行われたアンケート調査。ここでもダントツは「出世には興味がない」が113名。これには質問したほうも拍子抜けとなったのでは……。

●日本人の深刻な幼児化

「自分自身に満足しているか？」【図版6】

これは、7か国の若者に「自らの肯定感」を質問したもの。〝自殺〟傾向にある若者ほど、「そう思う」回答率は低めとなる。そして、日本の若者たちの傾向がズバリ表れた。

「そう思う」は、わずか10・4％。最多アメリカは57・9％。10人中6人近くが、自

■「自分に満足している」日本の若者は10人に1人

【図版6】自分自身に満足しているか?　諸外国比較

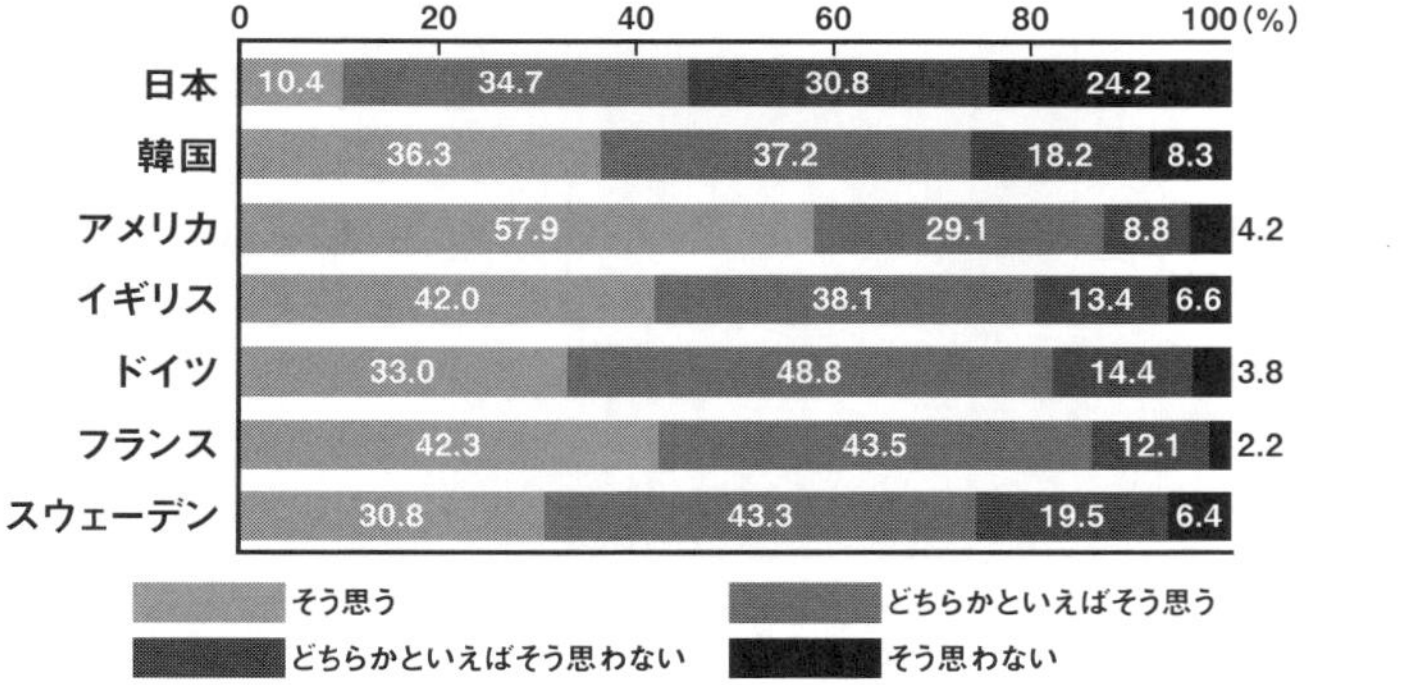

出典:「内閣府」調査 2018年

分に自信満々なのだ。

若者は、こうでなくてはいけない。

残り、韓国、イギリス、ドイツ、フランス、スウェーデンも、3割から4割強が「そう思う」だ。ところが、日本は最低ラインの3割のさらに3分の1……!

「自分自身に自信あり」は、10人に一人しかいない。5割以上は「自信喪失」状態なのだ。若者の半分以上が自信喪失の国は、滅びるしかない。

「自国の政治に感心があるか?」【図版7】

これも、【図版5】と、ほとんど同じ結果だ。

日本の若者「非常に関心がある」はたった12・2%。やはり最下位だ。政治への感心は、自分中心ではなく、身のまわりをどれだけ客観視できているか?を示す。

日本の若者は10人に一人強しか、政治に

■「国の政治なんか関心ない」無気力な日本の若者

【図版7】自国の政治に感心があるか?　　諸外国比較

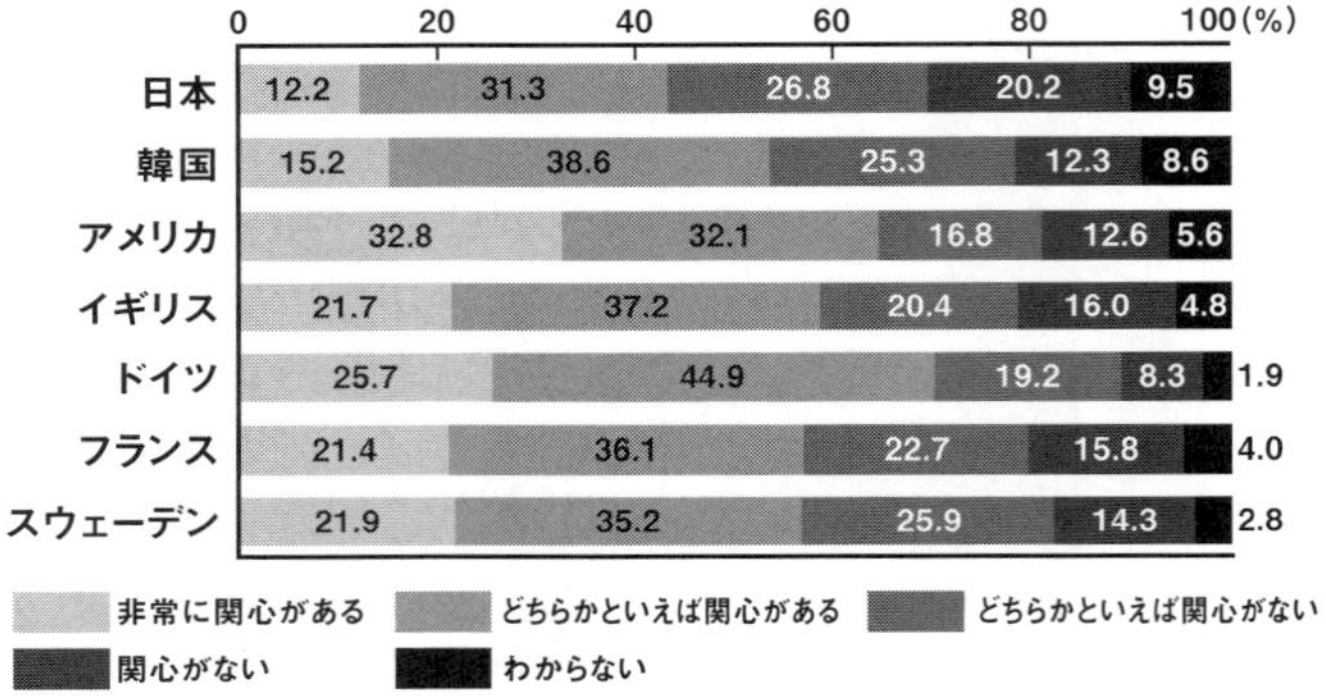

出典:「内閣府」調査 2018年

関心がない。つまり、それだけ社会人になりきれていない。

はやくいえば子どもだ。それだけ日本人の退行化、幼児化は深刻なのだ。

テレビのバラエティ番組など見ると、あまりの馬鹿馬鹿しさに呆れ返る。

かつて昭和の評論家、大宅壮一は「テレビで一億総白痴化する」と警鐘を鳴らした。まさに、先見の明。反骨ジャーナリストの危惧と予言は、見事に的中している。

自国の政治に無関心ということは、愛国心も皆無……ということだ。

「自分には長所があるか?」【図版8】

この質問に「そう思う」と回答した割合も、日本の若者は最下位（16・3%）だ。

韓国の半分。アメリカの4分の1。イギリス、ドイツ、フランスと比べても約3分の1。

■劣等感のどん底で悩んでいる日本の多くの若者たち

【図版8】自分には長所があるか？

諸外国比較

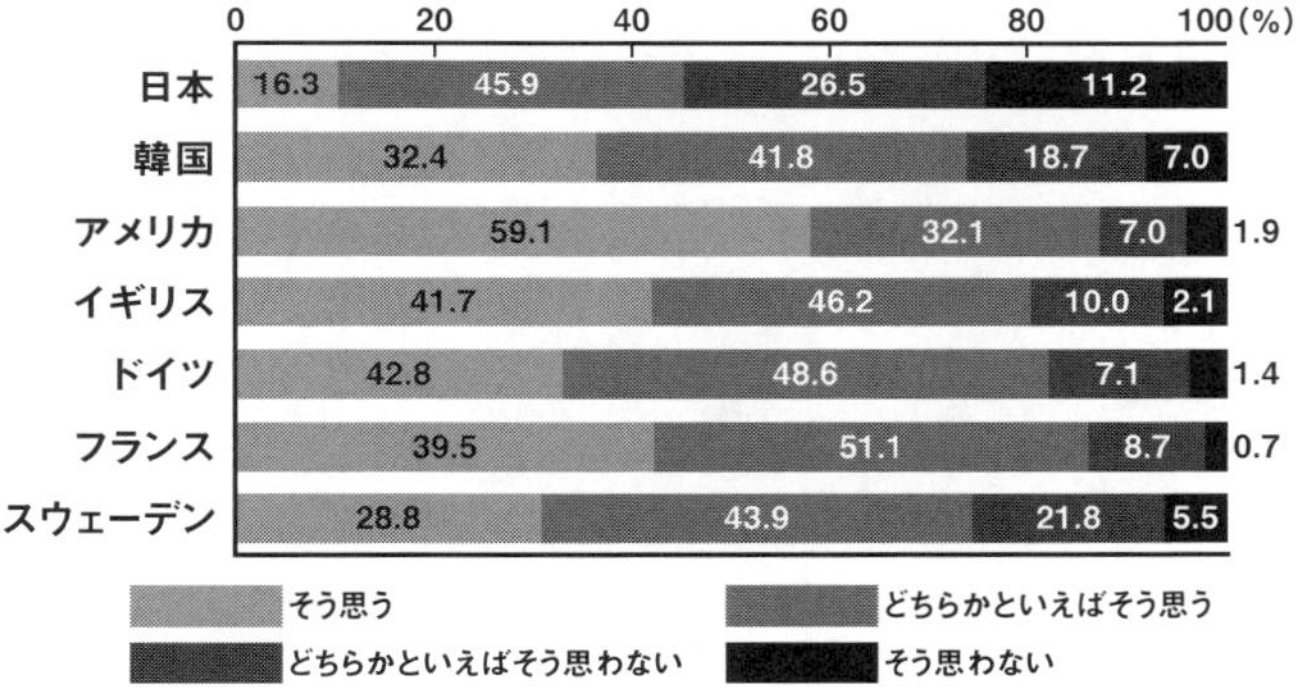

出典：「内閣府」調査 2018年

ほんらい、少年少女とは、夢と希望に満ちているはずの存在だ。それは、自分の長所を伸ばして夢をかなえる、ということだ。

「将来ああなりたい」「絶対なってやる」

かつて、日本は貧しかった。

しかし、若者には夢があった。

かのホンダの創業者、本田宗一郎は中卒ではない。小卒だ。

尋常小学校を卒業して、自動車修理工場に丁稚《でっち》奉公に出された。そこで、機械油まみれで働いて、19歳で独立。会社をかまえた。そのとき、3、4人の社員を前に、彼はミカン箱の上に仁王立ちして、拳を振り、こう宣言したという。

「わが社は、いつか〝世界のホンダ〟になる！」

■日本の若者は、あらゆる面で世界ワーストなのだ

【図版9】あなた自身について

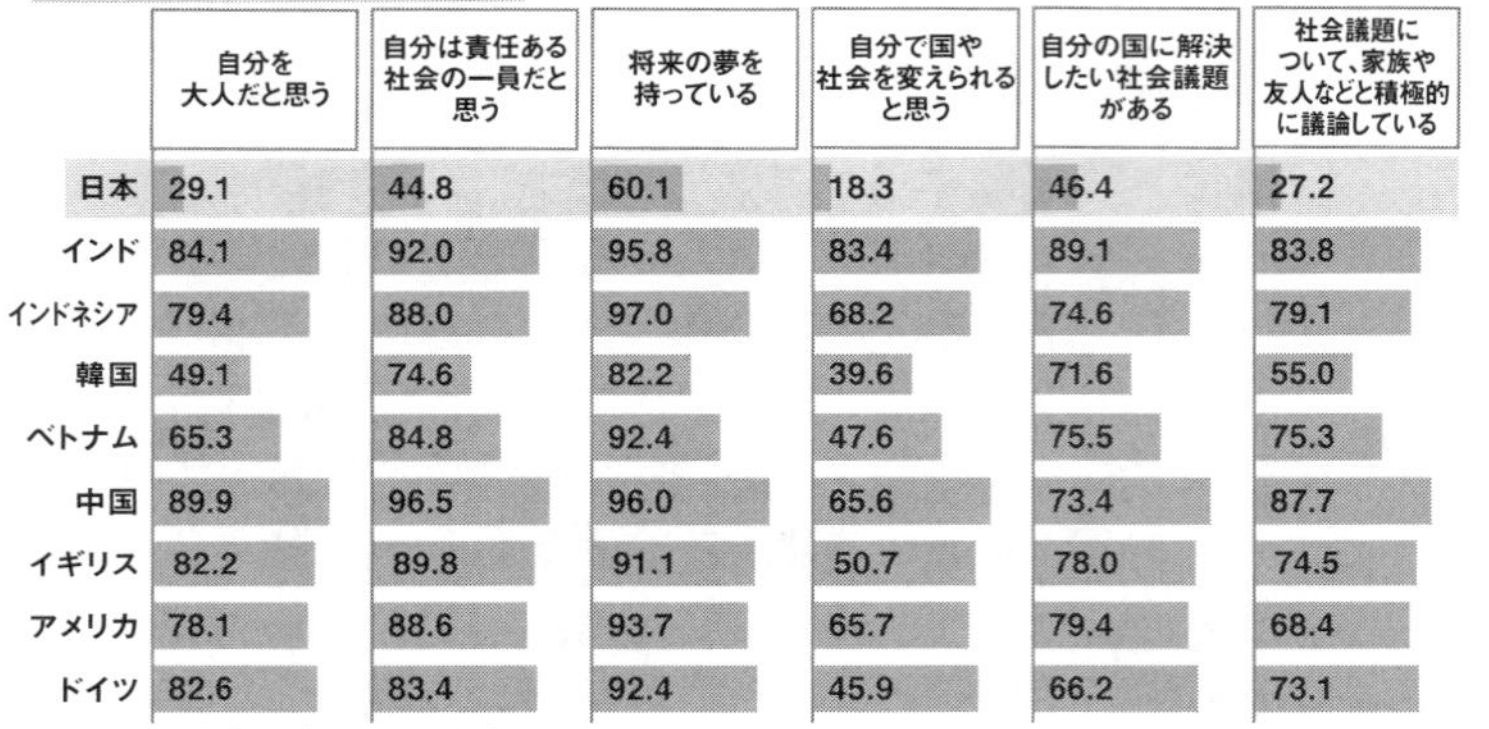

各設問「はい」回答者割合（%）

出典：「日本財団」調査

そうして、そうなった。痛快なレジェンドである。

しかし、現代。若者たちの約4割が「自分には長所もない」と思い込んでいる。

天を仰ぐのは、わたしだけではないはずだ。

●日本の若者の惨状

さらに、日本がすでに世界の〝落ちこぼれ〟である証拠を6連発でお見せしよう【図版9】。

（1）自分を大人だと思う
（2）自分は責任ある社会の一員だと思う
（3）将来の夢を持っている
（4）自分で国や社会を変えられると思う
（5）自分の国に解決したい社会議題がある
（6）社会議題について、家族や友人などと

積極的に議論している

これらは、日本、インド、インドネシア、韓国、ベトナム、中国、イギリス、アメリカ、ドイツ……9か国の若者たちへのアンケート調査だ。

その結果は、一目瞭然。これまでと同じ。日本は、すべての質問に対して、最下位なのだ。

(1)自分を大人だと思う約3割。つまり、約7割の若者は、自らを大人と思っていない。みずから「自立していない」と自覚している。まさに、大人になりきれていない。ピーターパン症候群そのもの。〝かれら〟は現実逃避し、まさにファンタジーのなかに生きている。

(2)「自分は責任ある社会の一員」と自覚している若者は、他の8か国に比べて半分。
情けないを通り越して、力が抜ける。

(3)「将来の夢」も残り8か国の3分の2。夢のない日本の若者には未来もない。

(4)「自分で国や社会を変えられると思う」これは社会的関心と変革の自信をたずねたものだ。この回答には目も当てられない。「はい」のインドは83・4%と日本の4倍強。

(5)「解決したい社会議題があるか?」これこそ社会に対する問題意識への問いだ。
希望と正義を求める若者なら「あれもある」「これもある」と十指を越えるほど、問題提起に口角泡を飛ばすだろう。しかし、やはり日本は最下位。1位インドの半分というていたらく。

(6)「議題を家族・友人と議論するか?」。日本の若者の社会問題への関心の低さに目をおおう。

「はい」はインドの若者たちの3分の1以下だ。

こんな国は、いつか滅びるしかない。そう思うのは、わたしだけではないはずだ。

●インドの熱気とパワー

以上の結果に調査を行った日本財団も危機感を強めている。

「……国の将来像に関しても『よくなる』という答えは、トップの中国（96・2％）の10分の1。全体的に途上国、欧米先進国のいずれと比べても、数字の低さがきわ立つ結果となっています」

世界各国の若者たちは、国の将来を憂えて、解決策も提示している。

「……9か国の約38％が国の将来は『悪くなる』と答え、『解決したい社会課題』としては、『貧困をなくす』『政治をよくする』などが高い数字となっています」

「貧困の撲滅」「政治の改革」……若者たちの情熱と希望が伝わってくる。

しかし、9か国中、日本の若者たちは「関係ないモーン」。

「自分を大人と思わず」「社会責任も感じず」「将来に夢もなく」「社会を変える気もなく」「自国の問題に興味なく」「人と話す気もない」

これを、一言でいえば、〝ふぬけ〟という。

この6つの質問への「はい」トップは、すべてインドだ。そのエネルギーは中国をすら上回っている。将来インドは中国を抜いて、世界最大の経済大国に躍《おど》り出るかもしれない。

■日本の若者たちはバーチャルな世界に没入している

【図版10】若者が関心を持っていることの上位

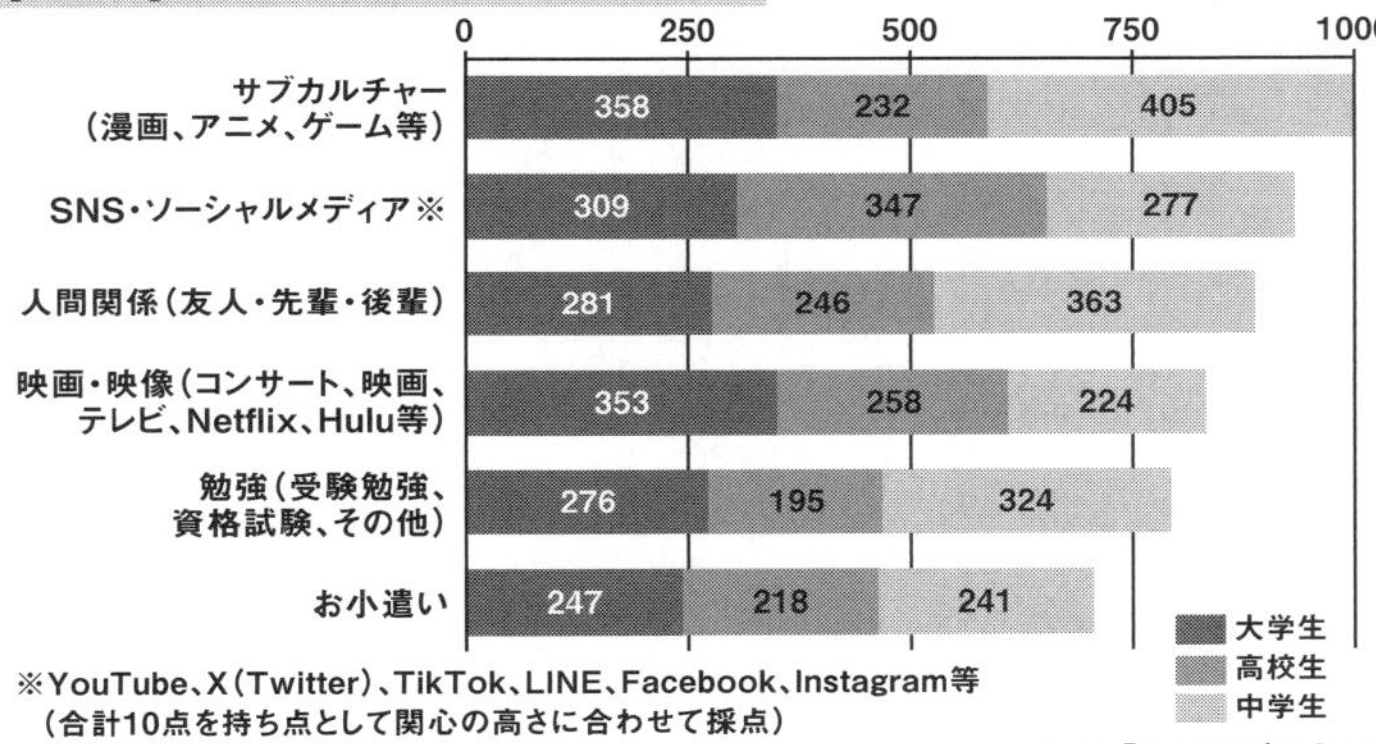

※YouTube、X（Twitter）、TikTok、LINE、Facebook、Instagram等
（合計10点を持ち点として関心の高さに合わせて採点）

出典：「日本総研」調査 2022年

最近、『RRR』というインド映画を見て、その爆発的エネルギーに感嘆した。

かつての英国による植民地支配に反撃した二人の英雄を描いた活劇。日本の若者はその熱気に〝焼き殺されて〟しまいかねない。

インドの若者たちの勢い、おそるべし。

勉強・スポーツより、マンガ・ゲームに現実逃避

●好奇心・向上心は〝心のエンジン〟

それでは、日本の若者たちは、いったい何に関心を持っているのか？

【図版10】は日本総研調査による中学、高校、大学生を対象に行ったアンケート結果。

1位は、「漫画」「アニメ」「ゲーム」など。

いわゆるサブカルチャーだ。

言いかえると、現実とは異なる世界に没入している。いまどきの言葉でいえば〝バーチャル〟な世界だ。電車の中で、スマホでゲームに熱中している若者たちをよく見る。これは、はやくいえば現実逃避だ。それだけ、青少年たちにとって現実は息苦しく、生きにくいのかもしれない。

2位は、ソーシャルメディア。つまり、ユーチューブ、X……など。これも現実逃避の一形態だ。3位は、友人、先輩、後輩などの人間関係。これは青春ならあって当然だ。

4位が「映画」「音楽」など文化活動や鑑賞。わたしは若いころ映画にはまって、今もはまって、年間500本近くは見ている。シナリオも書いている。絵も描いている。

これら文化活動はもっと上位に来てほしいものだ。

5位にようやく「勉強」が来た。日本の若者たちの〝勉強嫌い〟がくっきり反映されている。

総括すれば「文化」「勉強」より「漫画」「ゲーム」へ現実逃避している。

この調査結果で、気になるのは「スポーツ」が登場しないことだ。

これでは、第二の大谷翔平、第二の井上尚弥の登場はむずかしそうだ。

勉学の根源は、好奇心だ。スポーツの根源は向上心だ。

現代の若者達に必要なのは、これら2つの〝心のエンジン〟だ。

〝心のエンジン〟をうまく回すには、まず〝心の汚れ〟をとりのぞかなければならない。

それは、〝自殺〟〝落ちこぼれ〟〝うつ〟を防ぐ心の大そうじでもある。

理想は――（1）少食、（2）菜食、（3）長息、（4）筋トレ、（5）笑い。

これは、わたしがすすめる「5つのセルフヒーリング」だ。

しかし、精神科の医師たちは、これら「心の病」を向精神薬で治そうとする。

それは、狂気の沙汰だ。

万病は〝体毒〟から生じる。

精神病は〝心の毒〟つまり、不快ホルモン〝コルチゾール、恐怖ホルモン〝アドレナリン〟から生じる。

これらをデトックスすれば、迷い、苦しみ、不安は、嘘のように消えていく。

かんたんな話だ。

第４章
日本を陰から滅ぼそうとしている〝やつら〟

■ かつて国際競争力4年連続1位もドンドン落ちて35位

【図版11】日本の総合順位の推移

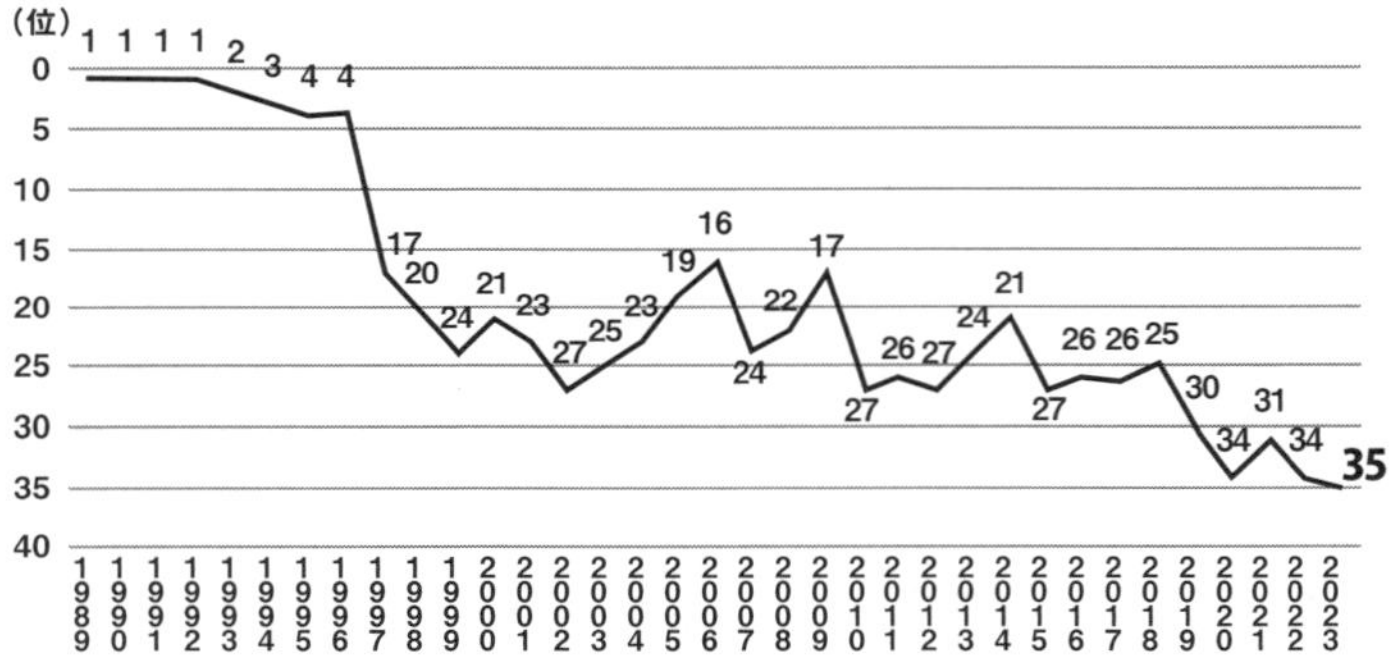

出典：IMD「世界競争力年鑑」各年版より　三菱総合研究所作成

「国際競争力」も1位から35位と奈落の底へ

●発展途上国にも抜かれる日本

日本の危機は、若者の〝自殺〟、〝ひきこもり〟だけではない。

若者たちが世界の〝落ちこぼれ〟なら、日本という国家も落ちこぼれなのだ。

それを如実に表すのが「国際競争力」の没落だ【図版11】。

1990年前後は4年連続世界一だった。このとき、世界トップ50企業に、日本企業は36社も占めていた。まさに、当時、日本は「ジャパン・アズ・ナンバーワン！」と世界から激賞されていた。

それが、どうしたことか……。年々、年

■20項目で徹底比較された国際競争力で日本はボロ負け

【図版12】IMD「世界競争力年鑑」の4大分類項目と20小分類項目

経済状況	政府効率性	ビジネス効率性	インフラ
国内経済	財政	生産性・効率性	基礎インフラ
貿易	租税政策	労働市場	技術インフラ
国際投資	制度的枠組み	金融	科学インフラ
雇用	ビジネス法制	経営プラクティス	健康・環境
物価	社会的枠組み	取り組み・価値観	教育

出典：IMD「世界競争力年鑑2020」より　三菱総合研究所作成

を追うごとに、右肩下がりの凋落ぶり。まさにあれよあれよと墜ちていき、２０２３年度には、最低の35位を記録してしまった。

いったい、あの〝我が世の春〟は、どこに消えてしまったのか？

ここで指標となる「国際競争力」とは、何か？

それは、（１）経済状況、（２）政府効率性、（３）ビジネス効率性、（４）インフラの４要素を、さらに20項目分類して、詳細に数値化し、国際比較したモデルだ【図版12】。まさにそれは国家の健康診断書。ごまかしようがない。

日本が90年当時の連続１位から20年余りで35位まで凋落したのも、20項目のチェックリストが急速に悪化したためだ。

しかし、日本人は、平和な〝お花畑〟の

住民だ。いまだ、日本は経済大国だと信じきっている。

「……アジア最貧国？ ふざけたことを言うな！」

青筋たてて、本気で怒る人もいるかもしれない。

なら、「国際競争力」比較表を見るがよい。

あなたは目を疑うだろう。アジアのライバル国だと思っていたシンガポールは4位。台湾6位、香港7位……。はるかに引き離されてしまった。さらにマレーシア27位、韓国28位、タイ30位、インドネシア34位……。これまで、日本が発展途上国と見下していた、これら東南アジアの国々に、アッという間に抜かれている。昔の夢よ、いまいずこ……？

そして、【図版11】でわかるように、日本の凋落は止まっていない。

他のアジアの国々からも追い抜かれるのは、時間の問題だ。

賃金もアベノミクスで5位から30位に転落

●韓国には9年前に抜かれた

「国際競争力」の低下は、経済力の低下だ。それに応じて賃金も右肩下がりとなる。

■日本はもはや低賃金の貧乏国

【図版13】G7と韓国の2000年以降の平均賃金の推移

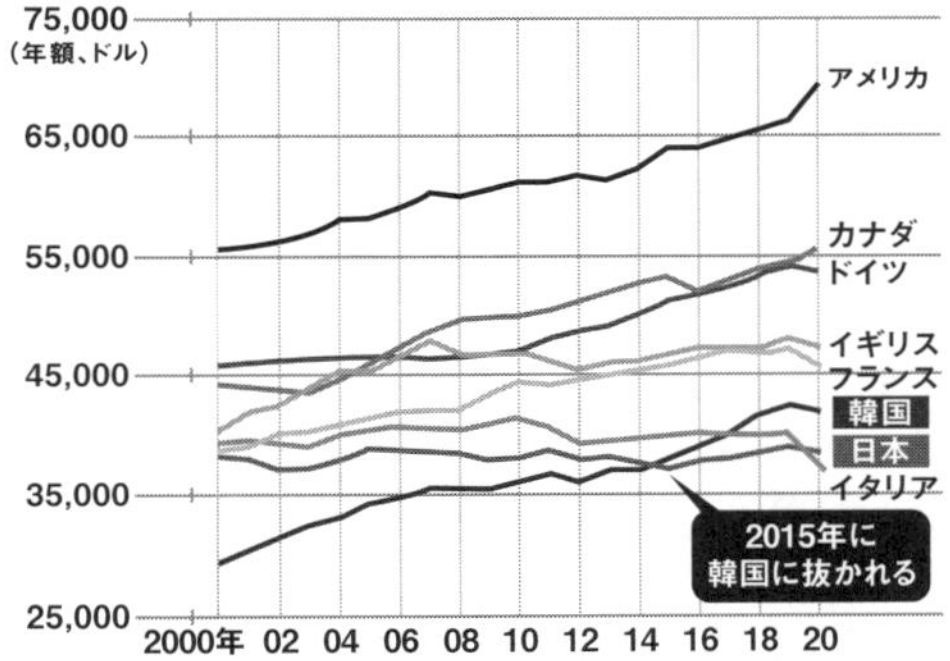

※国際経済計算に基づく賃金総額を平均雇用者数で割り、全雇用者の週平均労働時間に対するフルタイム雇用者一人当たりの週平均労働時間の倍率を掛けたもの。2016年を基準年とする購買力平価に基づくドルベースでの金額。

出典：OECD

「……アベノミクスにより世界5位から30位に転落した」（『東洋経済』ONLINE）

まさに、日本の賃金はOECDで最下位グループにある。アメリカの半分だ。

「……ところが、アベノミクス以前、日本の賃金は世界第5位だった。その後、日本で技術革新が進まず、実質賃金が上がらなかった。そして、円安になったために、現在のような事態になったのだ。円安で購買力を低下させ、それによって株価を引き上げたことが、アベノミクスの本質だ」（同サイト）

【図版13】は、G7と韓国の2000年以降の賃金比較グラフ。なんと、日本は2015年には、格下だった韓国にも追い抜かれている。

その他の国は、はるか上。日本はかろう

■日本の労働生産性は20年で1位から15位に転落した

【図版14】製造業の労働生産性　　(一人あたりの生産額)

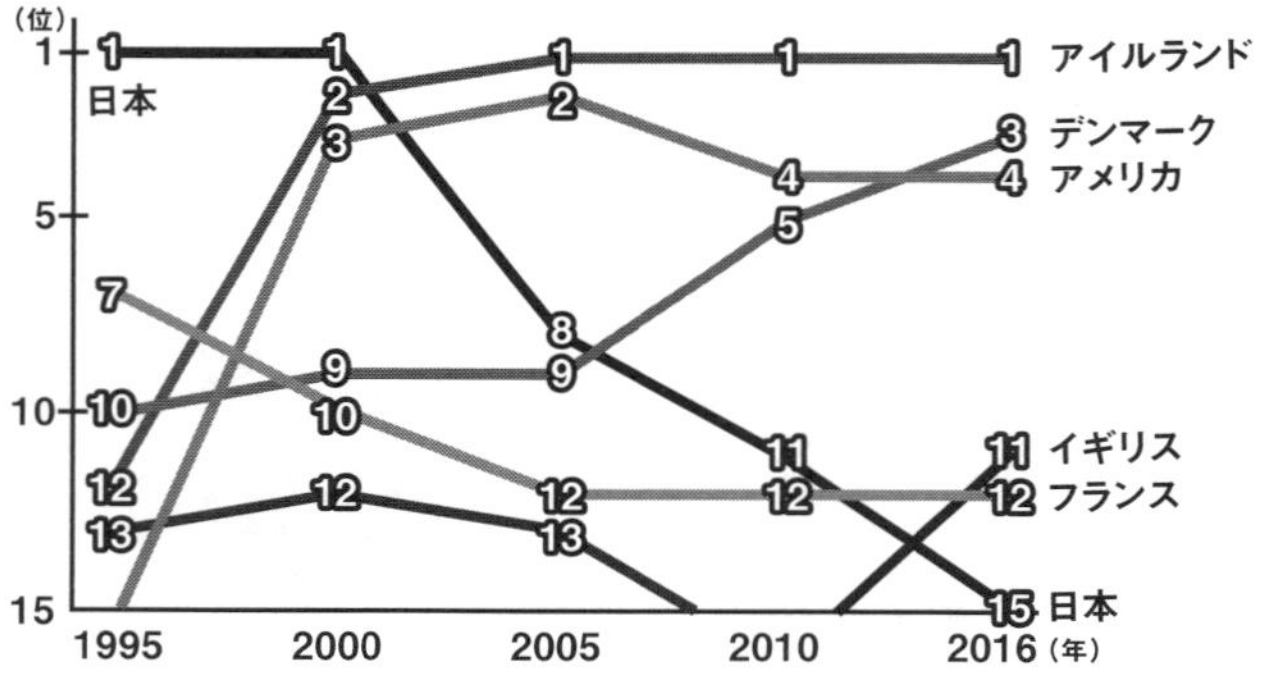

出典:「日本生産性本部」調べ

じて、イタリアをわずかに上回るのみ。

過去20年で欧米も韓国も右肩上がりで上昇。「昇給ゼロ」状態は日本、イタリアのみ。

「……2020年において日本より賃金が低い国は、旧社会主義国と、ギリシャ、イタリア、スペイン、メキシコ、チリくらいしかない」(同サイト)

海外に行った人は、一様に嘆く。

「物価が恐ろしく高い。何も買えない!」

それだけ、賃金も低く、円も安いからだ。

●デジタル化も17位と出遅れ

円安、賃金安の原因は日本の技術力の低下だ。

「国際競争力」イコール「技術力」なのだ。

それは、産業面の「生産性」で明白だ。

【図版14】は、1995年から2016

■事務デジタル化も日本は17か国最下位と大きく出遅れた

【図版15】自社のデジタル化が進んでおり、変革へのアジリティが高いと答えた経営層の割合

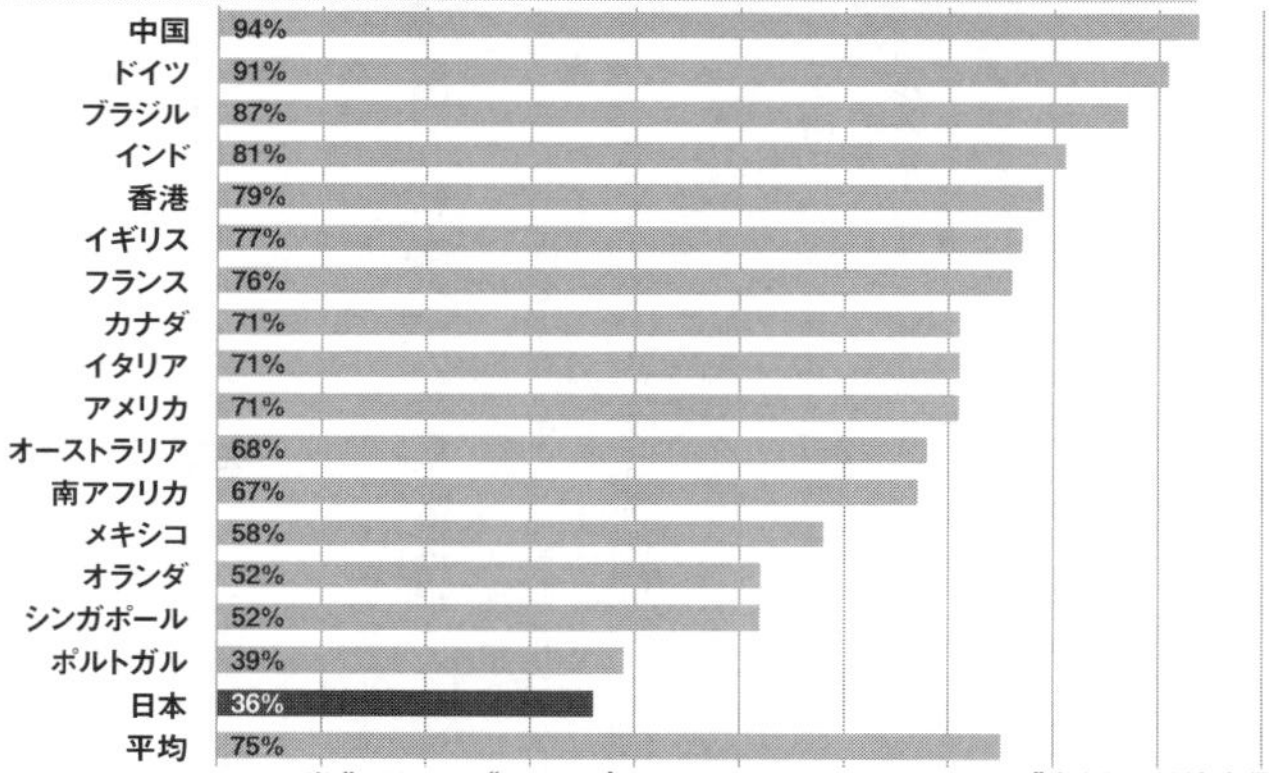

出典：Mercer"Mercer's 2018 Global Trends Study"をもとに経済産業省が作成

年までの製造業の「労働生産性」（一人当たりの生産額）を比較したもの。日本は１９９５年から２０００年まで、堂々の１位だ。

それが、２００５年、８位に転落。２０１０年11位。そして、２０１６年には、15か国中で最下位に転落してしまっている。これほどまでに「労働生産性」が転落した国も珍しい。

そして――、ホワイトカラーの事務能力低下も同様に奈落の底だ。

事務作業の効率化は、デジタル化によって達成される。つまり、事務の効率化はデジタル化と比例している。この分野でも、日本は大きく立ち遅れている【図版15】。

17か国で、またもや最下位。平均75％なのに、日本だけ大きく出遅れて36％と半分

以下だ。

日本の「報道」自由度は独裁政権レベルの68位

●「幸福度」世界51位の絶望

フィンランド教育で注目された「世界幸福度ランキング」。

同国は、2024年、7年連続世界1位となった。

日本は、どこだ……? いくら探しても出てこない。そして、ようやく51位に見つけた。

日本より上位には、キプロス、カザフスタン、グアテマラ、ニカラグア、メキシコ、チリ、コソボ、ウルグアイ、コスタリカ……など、かつての〝発展途上国〟がズラリ。

日本は、もはやこれらの国々より、国民は「不幸」なのだ。

「……フィンランドは、福祉国家として知られ、子育てや医療に手厚い支援が行われている。このような政策が、幸福度の首位を保持している理由と考えられる。1位のフィンランドをはじめ、2位デンマーク、3位アイスランドと、上位3位の顔ぶれは、2022年度と変化がなかった。そのほか、上位には、オランダ、スウェーデンなど、欧州の国々が多く占めた。世界で地

域別にみると、欧州で幸福度が高いことがわかる」（『ELEMINIST』https://eleminist.com/）

日本は、2012年から2024年まで45位〜58位の間を、フラフラしている。いずれにしても、他国にくらべれば、目をおおうばかりの〝不幸〟な国なのだ。目も当てられないものが、さらにある。

「報道の自由度ランキング」だ。なんと日本は世界70位という、ていたらく（2024年度）。アフリカ軍事政権にも劣る、と揶揄《やゆ》される始末。ちなみに、1位はノルウェーだった。

これは、国際ジャーナリストNGOの「国境なき記者団」（RSF）が作成している、180か国を対象にした指標だ。

評価基準は、ジャーナリストや報道機関の活動の自由度を測定したもの。評価手法は——

❶「政治文脈」、❷「法規制」、❸「経済文脈」、❹「社会・文化」、❺「ジャーナリストの安全」

つまり、日本の「報道の自由度」は、これら5つの分野において世界70位の低レベルと認定されたのだ。RSFは、日本の報道事情に、こう厳しくコメントしている。

「……2012年以降、民族主義的右派が台頭し、多くのジャーナリストが不信感や敵意を感じている」

●政府、大企業と癒着、腐敗

さらに――。

「……記者クラブ制度で、記者の自己検閲を誘発し、フリーランサーや外国人記者に対する露骨な差別を表している。特定秘密保護法による過度な規制を緩和することを、政府が拒んでいることもマイナス要因。日本政府や大企業は、日常的に主要メディアの経営に圧力をかけており、その結果、腐敗、セクハラ、新型コロナウイルスや放射能、公害など、デリケートなテーマには、厳しい自己検閲が行われている。2020年、政府は新型コロナ感染症対策を口実に、記者会見に招待する記者の数を大幅に減らした。さらに、公共放送NHKを、国家危機の場合、政府の『指示』に従うべき組織リストに加えた。これらも問題である。日本では、新聞社と放送局の相互所有に対する規制がない。そのため極端なメディア集中が起こっている」(同コメント)

じつに、的を射た指摘ばかりだ。

問題は、肝心の日本の記者たちに、そんな自覚がまったくないことだ。

――以上。

戦後、奇跡の復興と世界を刮目させた日本。その面影もいまは、まったくない。

日本は焦土と化した焼け跡から、経済成長を遂げ、世界1、2を争う経済大国に急成長した。

それが、いまや急カーブで暗黒の奈落に墜ちている。

日本の運命の急変は、すべて日本人の自己責任に帰するものだろうか？

日本をダメにした歴史上三度の敗北

●呼称が変えられた「大化の改新」

——日本は、これまで三回負けている。

こういっても、何のことやら、わからないだろう。

つまりは外国勢力に三度屈伏している、という意味だ。

最初の〝敗北〟は、意外だろう。かつて「大化の改新」と呼ばれた日本朝廷の政変のことだ。それは、645年、中大兄皇子《なかのおおえのおうじ》と中臣鎌足《なかとみのかまたり》らが宮中で蘇我入鹿《そがのいるか》を惨殺し、政権を奪取した一大クーデターを指す。

わたしが子どものころは「『大化の改新』で中大兄皇子たちが、悪い蘇我氏を滅ぼした」と習った。しかし、子ども心に違和感を覚えた。宮中で儀式の最中に蘇我入鹿は襲われ、首を討ち落とされている。ひどい。悪人は中大兄皇子たちじゃないか？

歴史家も、これはマズイと思ったのだろう。のちに、それは「乙巳《いっし》の変」と呼称が変えられている。さらにいえば、蘇我馬子《うまこ》、蝦夷《えみし》、入鹿、三代の名前もおかしい。

これらは、いずれも蔑称だ。わが子にそんな卑しい名前を付ける親など、いるわけがない。

これらの暴力革命を決行し、政権を奪取した連中が、蘇我氏を貶《おとし》めるために付けたものだ。

ここで、本物のワルは、中大兄皇子を唆《そそのか》した中臣（藤原）鎌足だ。

伝承によれば、青い目をした異人の風貌だった、ともいう。つまり渡来人だ。

わたしはユダヤ王国の失われた10支族の末裔と睨《にら》んでいる。政変後、中大兄皇子は即位して、天智天皇となる。鎌足は藤原と姓を改め、政権黒幕として君臨する。ユダヤは、けっして自らが王にはならない。フィクサーとして、それを支配するのだ。その後、陸続として、10支族のユダヤ民族が渡来して来る。なかでも秦氏、物部氏などは特筆されるべきだ。

こうして、日本の天皇は、実質的にユダヤ民族の傀儡《かいらい》とされたのだ。

ユダヤ民族の本性はパラサイト（寄生）だ。既成王権などに狙いを定め、忍び込み、その中枢を支配する。藤原道長がその典型だ。娘たちを天皇に嫁がせ、外戚《がいせき》として、王朝を支配する。

「――この世をば　我が世とぞ思ふ　望月《もちづき》の　欠けたることも　なしと思へば」

平安時代の宮中を支配した道長の奢《おご》りそのものの歌である。

昨今、日本とユダヤは同じルーツを持つ、という日ユ同祖論が取り沙汰されている。

日本語とヘブライ語には千余の共通する言葉がある……云々。

それもどおり。天皇家は、はるか昔からユダヤにより〝闇支配〟されてきたのだ。

●孝明天皇暗殺、明治天皇すり替え

第二の敗北は、明治維新である。

その詳細は、『維新の悪人たち』(共栄書房)に詳述した。

同書の主張は「――明治維新は〝フリーメイソン〟革命だった」

内容骨子は二点。「伊藤博文が孝明天皇を刺殺した」「明治天皇はすり替えられた」

これらを采配したのが幕末に来訪してきた〝フリーメイソン〟である。具体的には武器商人グラバー、牧師フルベッキ、英国公使パークス、通訳アーネスト・サトウらである。

そもそも幕末には、〝フリーメイソン〟以外、来日できなかった。だから、上陸した青い目の連中は、全員〝フリーメイソン〟である。とうぜん、開国を迫った米海軍ペリー長官も〝フリーメイソン〟である。〝かれら〟は、最初、日本の植民地化を画策していた。しかし、あきらめた。

なぜなら、日本には武士道と天皇制があったからだ。

忠義を重んじる武士たちが、青い目の総督の言うことを聞くはずもない。

庶民は天皇を天子様と尊崇していた。やはり、植民地支配は不可能と判断したのだ。

そこで、二番手の策として傀儡政権を作らせることにした。

その二大凶行が、孝明天皇刺殺と明治天皇すり替えだ。

青い目の〝やつら〟は、近代日本の二大スキャンダルを計画し、幕末志士たちに決行させた。

こうして、明治政府は、二大醜聞《しゅうぶん》（弱み）を握られて発足したのだ。

日清、日露、大陸侵攻から真珠湾攻撃、太平洋戦争まで……。

すべては〝やつら〟の手の平で、日本は操《あやつ》られてきたのだ。

●大戦敗北で傀儡支配完成

第三の敗北。これはいうまでもなく第二次世界大戦の敗北だ。

とうぜん、厚木基地に降り立ったレイバンのサングラスにコーンパイプのマッカーサーも〝フリーメイソン〟の大物だ。

占領米軍は、旧岩崎邸に諜報機関〝キャノン機関〟を設置。戦後日本を支配するため暗躍させた。……暗殺、謀略なんでもあり。さらに、〝プレスコード〟を密かに設定し、反米的な言論を徹底的に取り締まった。さらに、数千通にものぼる郵便物を開封し、盗み見ている。

これが、自由と民主主義の国、アメリカの正体なのだ。

さらに、GHQ（連合国軍最高司令官総司令部）は、〝WGIP（ウォー・ギルト・インフォメーション・プログラム）〟なる日本人〝洗脳〟作戦も実施している。これは、「戦争責任は、すべて日本にあった」と信じこませる心理作戦だった。

重ねて、GHQは「日米合同委員会」を設置。これは、月に2回、山王ホテルで開催される極秘会議。日本を占領する米軍基地の大将クラスが列席。アメリカ側の要求を一方的に日本側に〝命令〟する。日本側には拒否権はいっさいない。

この「日米合同委員会」こそが、日本の最高意思決定機関であった。

こうして第二次世界大戦の敗戦で「白い悪魔」の対日傀儡支配か完成したのである。


以上――。日本は外来勢力に、少なくとも三回侵略、占領されている。

日本の悲劇はすべて、ここにある……といっても、過言ではない。

さらに喜劇は、当の日本人たちが、このような事実にまったく気づいていないことだ。

〝お花畑〟の住民とヤユされたり、島国根性とからかわれ、井の中のカワズと馬鹿にされる。

なるほど無知は、自己責任でもある。

しかし、〝やつら〟の侵略、征服、支配はじつに巧妙だ。気づけというほうがムリだ。

しかし……。日本は戦後、奇跡の復興を遂げたではないか?

こういう反論をしてくる人もいるだろう。

しかし、アメリカには次のような諺《ことわざ》があるのだ。

――**ブタは太らせてから食え**――

敗戦後の日本は、まさに、やせ衰えた子豚だった。とても食えたものではない。

まずは、こいつを丸々と太らせよう。悪魔勢力は、そう考えた。

だから、日本人を馬車馬のように働かせた。こうして、世界1、2を争う経済大国に育て上げた。かつての焦土の小豚は、丸々と太った巨大な豚に変身している。

さあ、喰いごろだ。飢えた悪魔たちが、むしゃぶりついてきた。

こうして、急成長から急降下へ――。日本の没落が始まった。

〝やつら〟は戦後〝狂育〟も完全支配してきた

●「とにかく覚えろ」「考えるな！」

〝やつら〟は戦後〝狂育〟も完全支配した。

「安らかに眠って下さい　過ちは繰返しませぬから」

広島の原爆死没者慰霊碑には、こう刻まれている。

「過ちは繰返しませぬ」とは、日本人が原爆投下という悲劇を引き起こした……と、懺悔しているのだ。つまり、戦争責任、原爆投下の責任は、日本人にある、と言っているのに等しい。

これこそがＧＨＱ（連合国軍最高司令官総司令部）が密かに実施したＷＧＩＰによる〝洗脳〟の成果だ。

もっとも、それをよく表すのが「一億総懺悔」という言葉だ。

「戦争責任は我々にある」「アメリカは悪くない」

それどころか、米軍はみずからを〝解放軍〟として演出した。

つまり、日本民衆を軍国主義ファシズムから解放した！

特に日本共産党など左翼政党には、この思いが強かった。戦中の軍閥による弾圧は苛烈をきわめていた。だから、無理もない。日教組などは、まさにアメリカを民主主義モデルとしてとらえていた。

それほど〝解放軍〟アメリカは、まぶしく輝いていた。

さらに、日本をつき動かしたのが「追いつけ、追いこせ」のスローガンだ。

あこがれの大国アメリカに追いつけ。できたら追い越せ。

そのためには工業立国しかない。加工貿易で富を稼ぐ。重工業が推奨され、経済活動は加速された。ここで必要とされたのが優秀な労働者だ。それも、勤勉で忍耐強い労働者。ありていにいえば、工場でロボットのように正確無比で働く労働力だ。

こうして、教育現場は、〝ロボット〟の供給現場となった。

優秀なロボットとは、命令に絶対服従することだ。〝命令〟とはプログラミングだ。

だから、教育現場は〝プログラム〟をたたき込む場所と化した。

はやくいえば〝暗記〟狂育だ。

「とにかく、教科書を覚えろ」「考えるヒマがあったら覚えろ」

●進学地獄にたたき込まれる子どもたち

この暗記狂育を加速したのが受験戦争だ。

有名校、進学校がランク付けされ、東大を頂点とする格付けピラミッドが完成。さらに、通信簿に加えて偏差値の導入で生徒たちは選別された。

かつては徴兵検査で、甲種合格など、甲乙丙丁《こうおつへいてい》で格付けした。こんどは受験戦争で格付けだ。これは上級国民、下級国民の選別以外の何者でもない。家畜に等級を烙印するのに等しい。

残酷な差別感情を激痛とともに植え付ける。父母は「勉強しないといい大学に入れないよ」「いい大学を出ないといい会社に入れないよ」と脅す。

こうして、子どもたちは幼稚園から進学地獄にたたき込まれた。

これでは、まともな感性の子どもなら、〝壊れて〟とうぜんだ。

これら苛烈、残酷な受験戦争の最終勝者が、東大合格者だ。

しかし、あるテレビ報道でインタビュアーが、合格した受験生に質問していた。

「東大に入ったら何をしたいですか?」

うれし涙で顔をぐちゃぐちゃにした彼は、答えた。

「ハイッ、思いっきり遊びたいデス!」

これには、苦笑してしまった。遊ぶため東大に行くのかい？ ちゃちゃを入れたくなる。
ところが、受験戦争の頂点をきわめた、かれらにも、悩みがある。

●意外に多い〝東大うつ〟患者

『東大に入っただけで終わる人たち……』という特集記事が『週刊現代』（2010年3月16日・23日号）に掲載されたことがある。

そこには、意外なエリート秀才たちの悩み、苦悩が吐露されていた。東大を卒業すると、それはキリストの十字架のように、重くかれらの背中にのし掛かってくる。

かれらの悩みは「常に東大というモノサシで見られてしまう」こと。

たとえば、無名私大卒のライバル社員と営業成績を比較される。

「東大出てるのに、こんな成績しか上げられないのかッ！」と上司に叱責される。

つまり「東大出だから、できてあたりまえ」が、枕詞《まくらことば》になっているのだ。

できないと「なんでできない？」と責められる。これはツライ……。

『東大なんか入らなきゃよかった』（池田渓著、飛鳥新社）というズバリな題名の本もある。

副題は、「誰も教えてくれなかった不都合な話」。「帯」の独白がまたセツナイ。

「――東大卒のライターが徹底取材で明かす！ 東大うつ、東大プア、東大いじめ」「面白くて、ものがなしい。学歴は幸福の魔法にはならない」

その結果、東大出身者の〝うつ〟発症率が高いという。

友人の同級生は秀才で、東大医学部を卒業後、精神科医になった。

その精神科医本人が〝うつ〟で入院している。なんとも皮肉としかいいようがない。

東大医学部といえば、東大生のなかでも、エリート中の超エリート。

まさに、東大生の〝光〟と〝闇〟……。

〝かれら〟は、暗記力はきわめてすぐれている。しかし、思考力には大いに疑問だ。

まさに、暗記力１００％。思考力ゼロ……。

つらつら考え、こういう結論にいたった。

「東大とは、〝闇勢力〟が日本支配のために全国から神童を集めフヌケにするシステムである」

まさに、一網打尽……。

「東大なんか入らなきゃよかった……」という嘆きが、それを物語っている。

気づいても、嘆いても、あとの祭りなのだ。

第５章
沈黙の校舎――学校は〝死んだ〟大学は〝終わった〟

笑い声、笑顔のない学校は怖い……

●生徒たちも先生もただ沈黙

とある縁で、中学校での講演を頼まれたことがある。

寒々とした講堂に生徒たちが並んでいる。その脇には先生たちも……。

やんちゃざかりの中学生である。はじける笑い声。前の子をこずいたり。いたずらする子。

先生が思わず怒鳴る。「静かにせんか！」それが、想像していた光景だ。

しかし、講堂は異様な静けさ、つまり沈黙が支配していた。

生徒たちも、そして先生たちも、一様に無表情なのだ。

わたしは不安というより、一種の恐怖に近い感覚を感じた。

わたしは、気をとりなおし、笑顔を浮かべてかるい冗談を言った。それでも、生徒たちは無表情だ。先生たちも無表情……。これは、まいったなぁ……心のなかで、少し焦った。

わたしのふだんの講演は、主婦や市民が対象だ。冗談をいえば笑いが起こる。

まさに、和気あいあい。講演会というより懇談会《こんだん》なのだ。

ジョークの一発に、かならず一人や二人のおばさん、おじさんが、腹を抱えて笑う。

笑いの波が、会場いっぱいに広がっていく。それが、いつもの風景なのだ。

しかし、この中学校の講堂は、まったくちがった。

ついに、講演の間、笑い声ひとつ起こることはなかった。

●生気のない大学キャンパス

「……落語家殺すに刃物はいらぬ。アクビのひとつで即死する」

こういう戯れ句があるが、この中学校の体験は、そんなものではなかった。

どうして、子どもたちや、先生たちに、笑顔がないのだろう？

大学でも同じ体験をした。法政大学の社会学教授のA氏からの依頼だった。

彼は、わたしのファンだという。ぜひ、船瀬さんの話で、学生たちを一発めざせめてくださ い。そんな、元気のいい依頼に応じたのだ。

法政大の八王子キャンパスは、駅からバスが出ていた。

大学前のバス停に降りて、キャンパスに向かう。その道すがら、異様な光景に違和感を覚えた。校舎に向かう学生たちの群れに、まったく生気が感じられない。

まるで、陽炎《かげろう》が歩いているようだ。大学生といえば、若さまっさかり。

これだけ多くの若者たちがいるのだ。若さのオーラが、キャンパスを満たしていて当然だ。

しかし、そのような陽気も覇気も、まるで伝わってこない。

まず、歩き方に力がない。ふらふらと漂うような歩き方だ。

そして、学生たちが集まっている場所からも、笑い声は聞こえない。

学園全体に生気がないのだ。それは講演を始めてさらに実感した。

中学校での体験と同じだ。どんなジョーク、ギャグをかましても……シーン……。

その沈黙が不気味だった。ただ、一番前席に陣取っていたA教授だけは、わたしの冗談に、体ごとのけぞって大笑いする。学生とのギャップに、わたしはただただ苦笑するのみ。

●目立つのが怖いんです

久々に訪ねた母校、早稲田大学でも、同じ生気のなさを感じた。

70年代当時キャンパスは、全共闘の殴り書きの立て看板が林立し、ヘルメットに手ぬぐい姿でマイクを握った奴が、アジ演説で絶叫していた。そして、機動隊が突入。キャンパスの一帯に催涙ガスの臭いが充満。白ヘル学生が、「権力が来たゾ！」と逃げ惑っていた。

しかし、今は昔……。あの頃の騒然とし、乱雑だったキャンパスとは別世界だ。

あまりに静かだ。この静寂は不気味だ。やはり、ここも異様な沈黙が支配している。

佐賀大学で、親友の映画評論家Nが「映画論」で教鞭を執っている。

佐賀を訪れたとき、しゃべってくれよ、と請われて登壇したこともある。

やはり、学生たちはもの静かだ。笑い声どころか無表情で反応しない。

学生たちの感想リポートを見せてもらった。文章に誤字脱字もない。

皆、きれいな文字、文章でしっかり感想も綴《つづ》っている。ただし、共通することに気づいた。

なんと、リポートは、すべてシャープペンシルで書かれている。それも、薄く細いHだ。極太文字など一枚もない。それを、Nに指摘したら「……それもそうだなぁ」。

彼に言わせると、いまどきの学生は「何か質問はないか？」と訊いても、教室ではだれも手をあげない。そして、教室から出ようとすると「先生、アレどうなんですか？」とたずねてくる。

「君ぃ、教室で質問ないか？ 聞いたろ。なんで手をあげない？」

それに対する学生の答えが、「目立つのが怖いんです」。

おまえの台詞《せりふ》がコワイわい。わたしなら、笑顔でこう返してやりたい。

学生たちが、全員、シャープペンのHで感想を書いているのも、「目立ちたくない」という生存本能の表れなのだ。つまり、「目立つといじめられる」。それを、かれらは体験的に知っている。

だから、できるだけ目立たないよう、ふるまう。

わたしが通った筑豊の田川高校のモットーは、「水平線上に突起をつくれ！」。

若者は目立ってナンボなのだ。出る杭は打たれる。しかし、それが、ナンボのもんだ。

出すぎた杭は、もう打たれない。わたしは、そうして生きてきた。

すると、若い聴衆は、かならず聞いてくる。

■ついに学校崩壊……2020年から不登校が爆増している

【図版16】不登校児童生徒数の推移

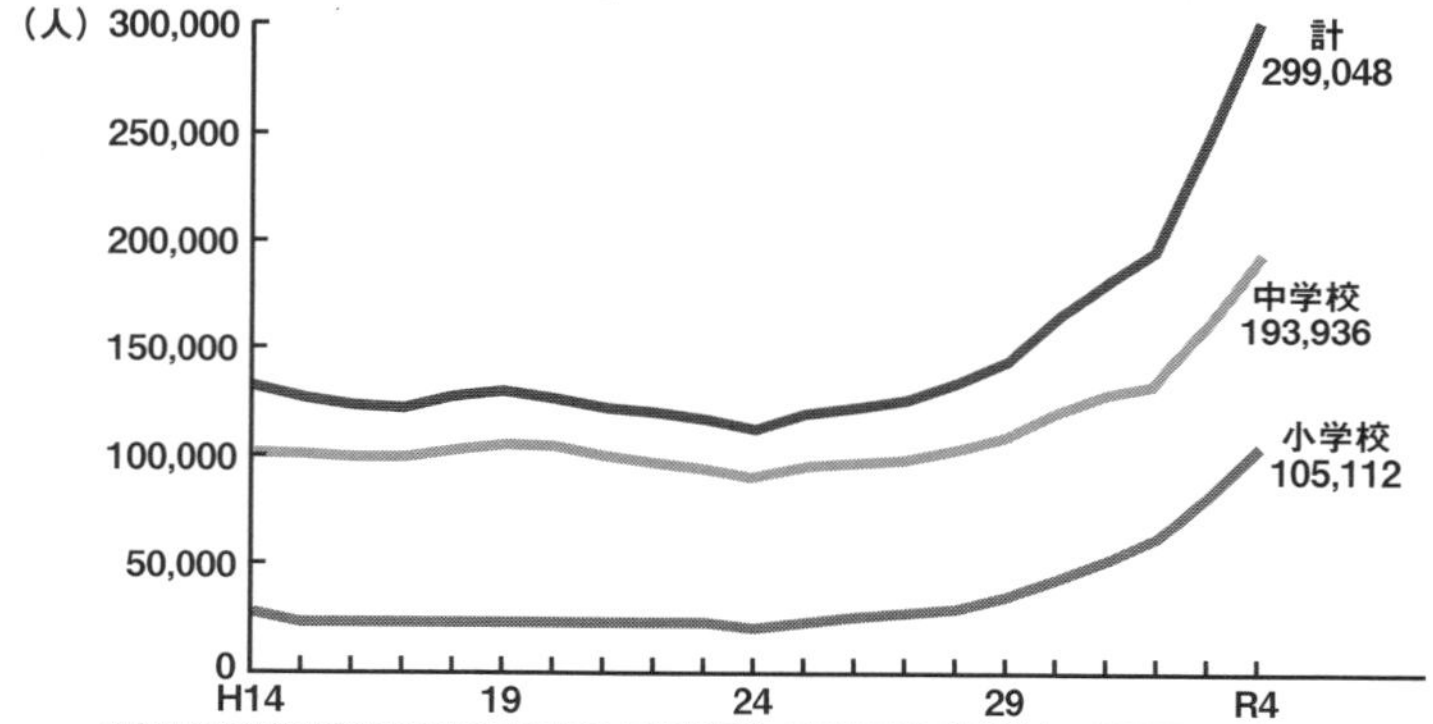

出典：文部科学省「令和3年度児童生徒の問題行動・不登校等生徒指導上の諸課題に関する調査結果」

「どうして、暗殺されないんですか？」

5年で2倍増！ 不登校が爆発的に増えている

●教育大崩壊が始まった

不登校──。これほど、現代の教育崩壊を表すものはない。

それも、年々、増加がとまらない。

「……不登校の小中学生数が、異例のペースで増えている。２０２２年度は29万９０００人で、６年連続で過去最多を更新。21年度と22年度の増え幅は、２割超と大きい」（『朝日新聞』２０２３年10月16日付）

文科省の「問題行動・不登校調査」によ

■小学、中学ともに高学年になるほど不登校は急激に増加する

【図版17】学年別不登校児童生徒の推移

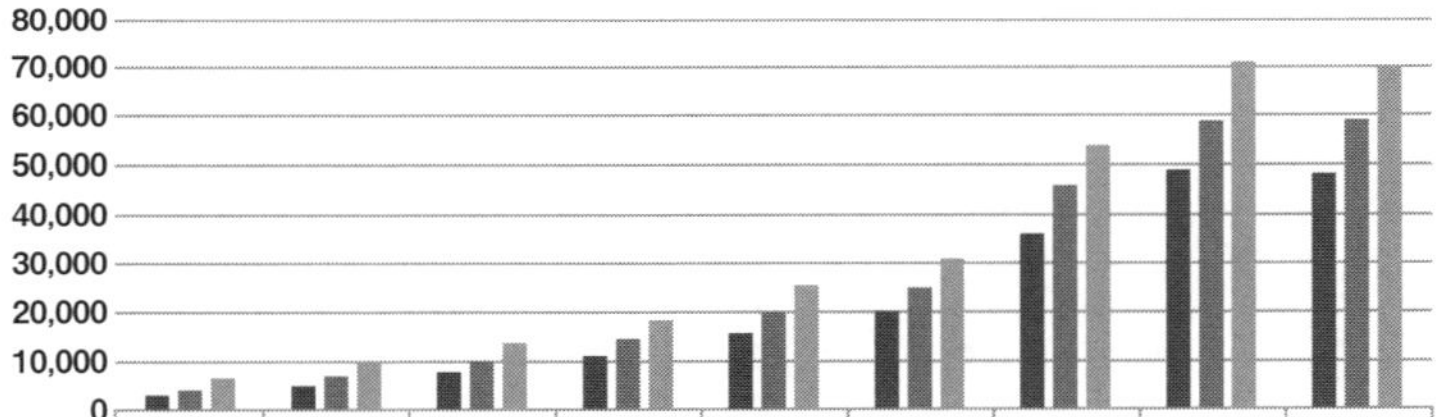

	小1	小2	小3	小4	小5	小6	中1	中2	中3
■R2	3,395	5,335	8,028	11,108	15,603	19,881	35,998	48,723	48,056
■R3	4,534	7,269	10,289	14,712	19,690	25,004	45,778	58,740	58,924
■R4	6,668	10,047	13,823	18,373	25,430	30,771	53,770	70,622	69,544

出典:「文部科学省」調査

れば、22年度の不登校・小中学生数は、前年比で22％増。21年度（同25％増）に続く大幅増だ。これまでも、教育現場の暗部として、不登校が取り沙汰されてきた。

それが近年、年2割強の勢いで爆発的に増加している。日本の教育は、きわめて異常事態に突入している。

【図版16】からも、その激変は明らかだ。

小中学生の不登校は、約15万人（平成29年）に比べて、わずか5年で約30万人に倍増している。5年で2倍増……！

日本の教育大崩壊がついに始まった。

では――。小中学校のどの学年に不登校が多いのか？

【図版17】は、学年別・不登校生徒の変化だ。

そもそも、不登校児童生徒は、過去30年以上も増え続けている。

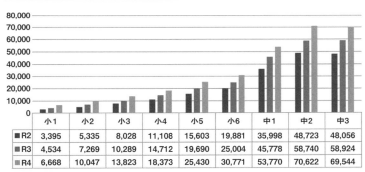

これが、前述のように令和になって異様な爆増をみせている（令和2年：19万人→3年：24万人→4年：29万人）。

わずか3年で小1、2の不登校が2倍増とは、いかにも異常だ。

グラフから、高学年になるほど登校拒否が急増している。小学校（約60人に1人）。中学校（約17人に1人）。それも、学年が上がるほど比例して不登校が増えているのだ。とりわけ、小学校6年から、中学1年になった途端に、不登校が1・7～1・8倍と倍近くに増えている。

これは中学校という環境変化に子どもたちがついていけないからだろう。

こうして、中学校では不登校が1クラスに2人もいるのが現状だ。

●1か月以上の欠席は「不登校」

文科省は、不登校を次のように定義している。

「……❶病気、❷経済的理由、❸新型コロナ感染回避――による欠席を除き、年度間に30日以上の欠席」。さらに――。

「……何らかの心理的、情緒的、身体的もしくは社会的要因または背景によって、児童生徒が出席しない、またはすることができない状況」

わかりやすくいえば、登校拒否が1か月以上続けば、学校側から「不登校」と認定される。

ふつう、児童・生徒の登校日数は年間約200日。だから、30日（15％）欠席しても、90日

■90日以上も欠席は中学で3分の2、小学で半分近くいる

【図版18】学年別不登校児童生徒の推移

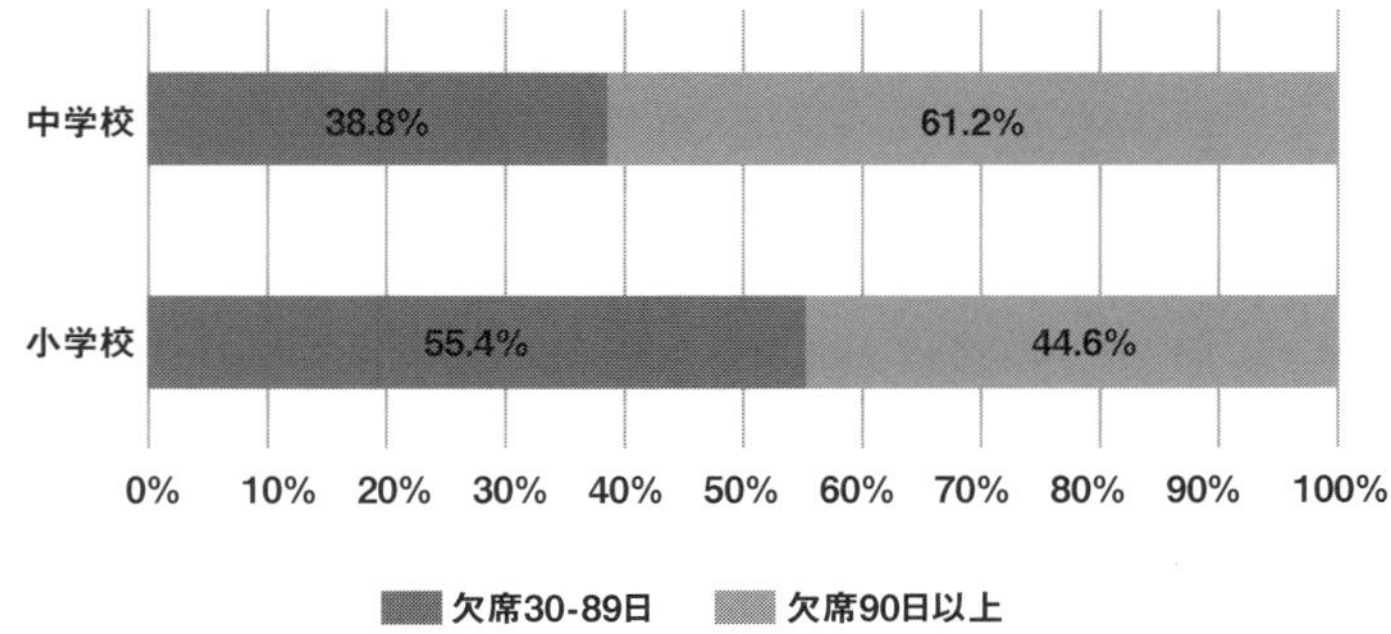

出典：「文部科学省」調査

（約45％）でも、全部欠席（１００％）でも、すべて「不登校」としてカウントされる。

じっさいの不登校に占める欠席状況を見ると、欠席90日以上が中学校61・2％、小学校44・6％となっている【図版18】。

小学校より中学校のほうが、不登校児が多い。

「……その要因のひとつには、中学校では小学校にくらべて、授業のペースが速く、難易度も上がることから、一定数以上、授業を欠席すると、出席しても授業についていくことが困難となり、結果的に出席を『諦める』こともあると考えられます」（池本駿氏）

■不登校原因は「無気力」「不安」2人に1人と圧倒的に多い

【図版19】不登校の原因

	人数	不登校児童生徒に占める割合
❶無気力・不安	15万4772人	51.8%
❷生活リズムの乱れ、遊び、非行	3万3999人	11.4%
❸いじめを除く友人関係をめぐる問題	2万7510人	9.2%
❹親子の関わり方	2万2187人	7.4%
❺該当なし	1万4814人	5.0%

出典：「文部科学省」調査

原因は発達障害のせいなのか!?

●いじめ、校内暴力、先生……

「……背景に何があるのか？」

前出『朝日新聞』の記事では、不登校支援を続けているNPO法人「雫穿《てきせん》大学」の朝倉景樹代表を取材している。その答えは「今の学校が子どもに合わなくなっている」。

それは、そのとおり。「いじめ」「校内暴力」の急増、加えて、「……SNSなどによるいじめや、発達障害など、さまざまな特性の子どもたちへの対応に、多忙な先生が対応できなくなっている」という。

不登校の子どもたちは、いったいどんな状況にあるのだろう？

不登校の「原因」は、いったいなんだろう?

その多くを占めるのが「無気力」「不安」で、全体の51・8%を占めている【図版19】。

続いて「生活リズム乱れ」「遊び」「非行」が11・4%。「友人関係」など9・2%。「親子関係」7・4%……。

【図版20、21】(次ページ)は、学校を休んでいる間の「気持ち」と、不登校の「きっかけ」(原因)。

「きっかけ」は「先生のこと」「身体のこと」「生活リズムの乱れ」(小学6年)、「身体の不調」「勉強がわからない」「先生のこと」(中学2年)。

●自閉症、ADHD、学習不能

一部、不登校の「原因」は、発達障害だ……という説がある。

発達障害のある子どもが不登校になるまで診断を受けていなかった割合は87%。

不登校原因となる発達障害とは、何か?

(1) 自閉症スペクトラム障害(ASD)

——「空気が読めない」「相手の気持ちが考えられない」など、対人場面でのコミュニケーションが苦手。クラスでも打ち解けられず孤立。物の配置や自分なりの行動順などにこだわる。か

■不登校の子どもは自宅でどう感じ、考えているのだろう?

【図版20】学校を休んでいる間の気持ち

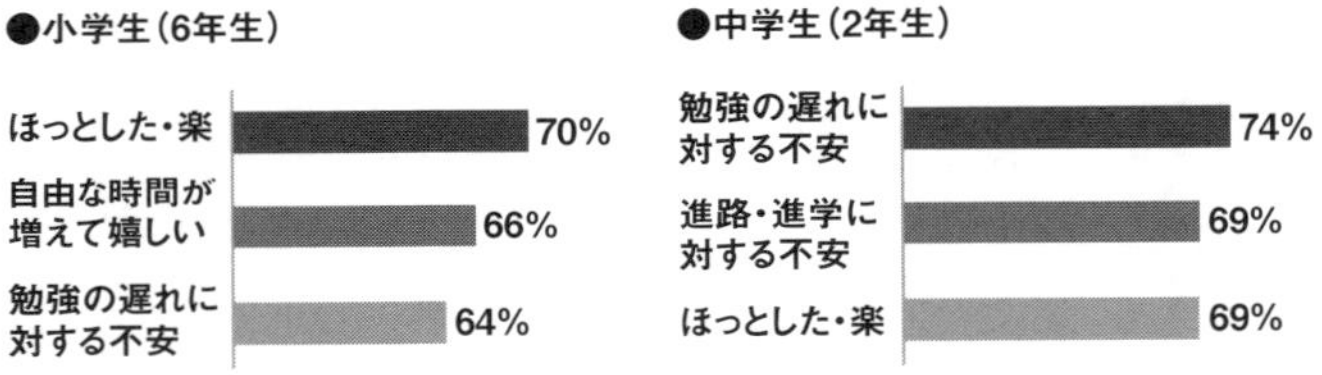

出典:「文部科学省」調査

らかわれて傷つくことも。感覚過敏なので光・音・匂いなどに反応、パニックを起こす。一点に集中できるのは良い特性。

（2）ADHD（注意欠如・多動性障害）

——集中が苦手。忘れ物、失くし物が多い。落ち着きがない。静寂が苦手。我慢できず、衝動的に動く。学校生活でも困難に。叱られることが多い。自信喪失になる恐れ。

（3）学習障害（LD）

——知的遅れはないが「聞く」「話す」「読む」「書く」「計算」「推論」など、どれかが著しく苦手。授業についていけない。自己肯定感や学習意欲の低下。集団での会話ができない。相手が理解できない。自分の気持ちを伝えられない。勉強、コミュニケーションが困難となる。

（4）発達障害（グレーゾーン）

■何がきっかけで彼らは学校に行かなくなったのか？ 図版21：不登校のきっかけ

【図版21】不登校のきっかけ

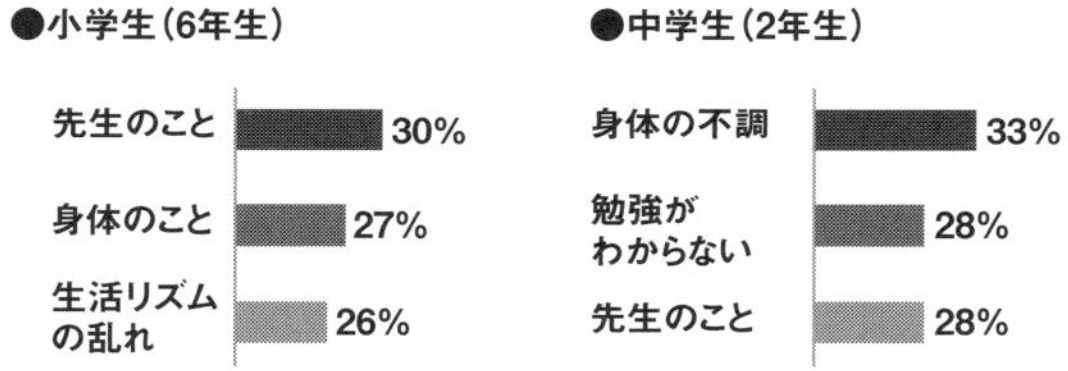

出典：「文部科学省」調査

——発達障害には、はっきり診断のつかないグレーゾーンが存在する。その子たちは、学校生活でなんらかのトラブルや悩みを抱えている。

しかし、周囲には気づいてもらえない。

理解者がいるとサポートされる。

しかし、これでは不登校の原因は発達障害とされてしまいかねない。

なら、不登校の原因は、児童・生徒の側にある——と、いうことになる。

はたして、そうか……？

もう、やめたい……。先生たちも疲れきっている

●精神疾患で休職、過去最多！

教育現場で疲れているのは子どもたちだけではない。

先生たちも、疲れきっている。

「……精神疾患で休職の教員過去最多！　初の６０００人超。20代が高い増加率」（「NHK NEWS WEB」２０２３年12月22日付）

なんとも、衝撃的なタイトルだ。

不登校が過去最多なら、先生の精神疾患による休職も過去最多なのだ。

まさに、子どもたちも狂い、先生たちも狂っている。それが、現在日本の教育現場なのだ。

「……〝うつ〟病などの精神疾患で昨年休職した公立学校の教員は、一割あまり増えて６５３９人と、初めて６０００人を上回り、過去最多となりました。20代の増加率が高く、文科省は『職場環境は非常に深刻で、教員不足の中で若手をどうサポートするかが課題』としています。こうした現状を踏まえ、新卒教員を対象に担任業務の負担を軽減する取り決めを始めた県もあります」（同サイト）

■先生たちもツライ。心も体も壊れているんだ

【図版22】教育職員の精神疾患による病気休職者数

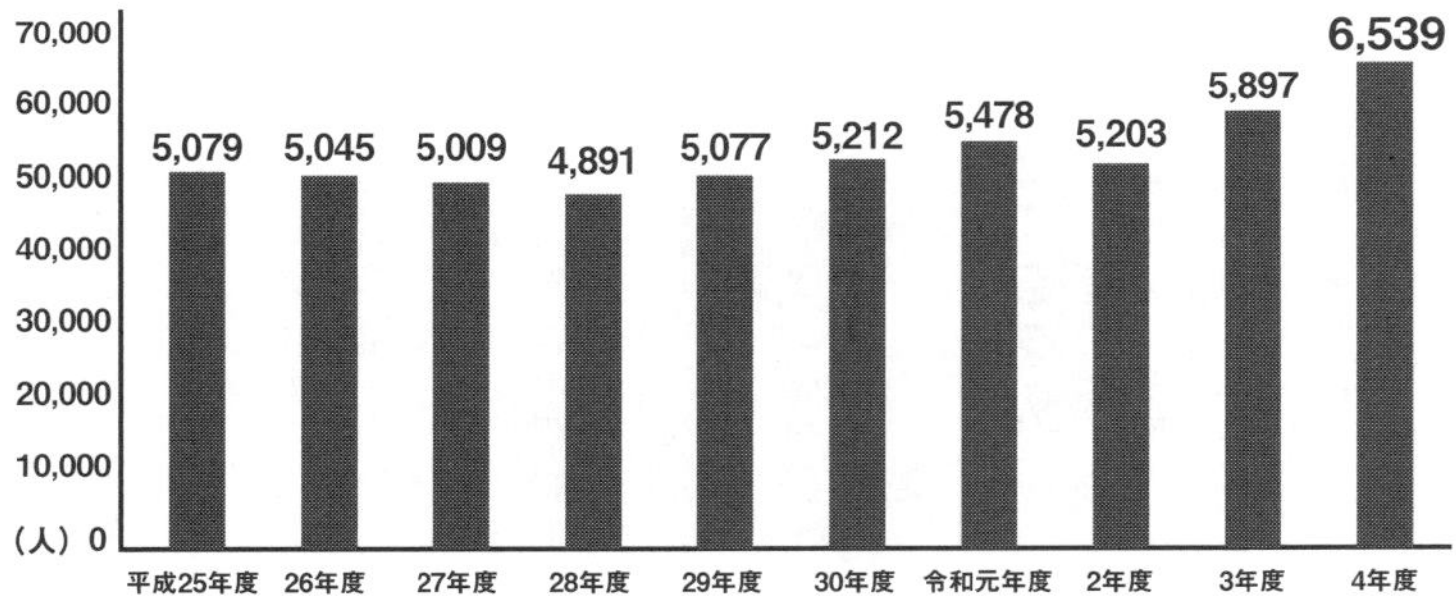

出典:「文部科学省」調査

●2割が教職を去った

2022（令和4）年度、うつ病など精神疾患で休職した公立学校の教員は、小学校3202人、中学校1576人、高校849人、さらに特別支援学校872人など……。

その他を含めた合計では6539人となり、前年度より642人増加、11%も増えて過去ワーストワン。さらに不気味なのは、この増加傾向が続いていることだ【図版22】。

不登校グラフと同様に、こちらも右肩上がり。そうして、教育現場の先生たちも、さらに病み、狂って、疲弊していく。

強調しておきたいのは、この休職原因が、精神疾患つまり「心の病」に限定されていること。とうぜん、教員は他の疾患でも休

職している。それらをすべて差し引いた精神病で6000人超の教員たちが職場を離れている。この数字を上回るのは、この調査を始めた1979年以来初めてという、このうち1270人もの大量教員が、2023年4月時点で退職している。

つまり、あきらめているのだ。

精神疾患、休職者の割合は――

▼20代　1288人、▼30代　1867人、▼40代　1598人、▼50代以上　1786人となっている。

目立つのは20代で、この5年間で1・6倍も増えている。

体に石を乗せられていくような苦しさ

●心の病は1万2192人

先生たちの「心の病」は。これほど深刻なのだ。

話はこれで収まらない。じつは、この6539人以外にも、精神疾患で教育現場から逃避している先生たちもいる。それは――「精神疾患で『有給休暇』を使って1か月以上、休んでいる教員たちだ。「病休」ではなく「有休」扱いだが、「心を病んで」休職していることに変わりない。そんな精神疾患の教員が、さらに5663人もいる。

これは、〝隠れ精神病〟教員といえる。

だから、精神疾患で職場放棄している先生たちの実数は、1万2192人というトンデモナイ数値になるのだ。それは、まさに日本教育の〝死〟を意味する。

たとえば——。

東北地方の20代の若手教員の証言。

「……子どもとふれあう仕事に就きたいと考え、教員になりました。数年前に新人で赴任した小学校で一年目から学級担任を任された。しかし、現場の業務は過酷でした。『やらないといけない』仕事に追われるばかり。睡眠時間も短くなり、無理やり学校に行くものの、授業準備もままならず、保護者対応や子どもへの対応に明けくれて、まるで自分の体にドンドン石が乗せられていくようで、学校に行くことがとても辛かった」

その超多忙がすごい。土日を含め3週間連続で勤務し、平日も午前7時前から、午後9時頃まで残業。終わらない業務は家に持ち帰ってやった。

このような長時間労働が続いた結果、うつ病や適応障害の診断を受けて、ついに休職した。

わたしの友人の長男も同じ。子どもが好きで教員になった。しかし、連日、業務、雑務が山のように降りかかってきて、やはり疲弊しきって教員をやめた。

——残業手当てがつくでしょ？　と聞けば「トンデモナイ」と手を振る。

「……残業手当てなど、まったくつきませんよ」

――だって、労働基準法で定められているでしょう?

「……教師は〝聖職〟だからという理由でつかないんです」

これには、あきれ果てた。つまるところ、教師の大量精神疾患は奴隷労働が原因だ。

フィンランドでは教員養成予算など、大幅に予算を振り当てている。

そうして、職場環境を改善し、教員たちも名誉と誇りをもって子どもたちに接している。

日本は教師の待遇改善などいっさい行わない。

早朝から深夜まで、仕事を自宅に持ち帰ってやっても、残業手当ては一円もつかない。

教員の仕事は、フィンランドでは名誉職で、日本では奴隷職なのだ。

それだけ、日本の教育現場では、子どもたちも、先生たちも、人間扱いされていない。

若者を活かすフィンランド、殺すニッポン

●日本はムラの掟《おきて》が支配している

日本の不登校の「原因」に関する議論に、大きな違和感をおぼえる。

「いじめ」「校内暴力」「先生の問題」や各種、「発達障害」が取り上げられる。

しかし、そもそもの「教育」の「本質」「目的」「体制」などが俎上《そじょう》に上がることはない。不登校の子どもたちは、現在の「教育体制」そのものに悲鳴を上げ、本能的に拒絶しているのだ。

ここで――『マイケル・ムーアの世界侵略のススメ』を想起してほしい（第2章参照）。

かつてのフィンランド教育は、アメリカと同等に、荒廃していた……。

つまり、小中学の児童生徒たちの心身は、教育現場において傷つき、疲弊していた。

だから、当然、アメリカなみに登校拒否、不登校も溢《あふ》れていたはずだ。

その現実に危機感を抱いたフィンランド政府の執った対応が見事というしかない。

29歳の青年を文部大臣に抜擢《ばってき》した。

教育を受けるのは、子どもや若者たちだ。

どんな教育を受けたいか？　受けるべきか？

いちばんよく知っているのも、子どもや若者たちだ。

だから「思う通りに改革しなさい」と、若者たちに国の未来を委ねた。

そのようなフィンランドの人々の器の深さ、大きさが羨《うらや》ましい。

現在の日本では、このような大胆な対応は、絶対にありえない。

政界を見よ。教育界を見よ。日本は、古来ムラ社会だ。それは、かつて農村社会だった。

だから仕方がない一面もある。しかし、今は封建社会ではない。国際社会だ。

もはや、因循姑息なムラの掟《おきて》など通用するはずもない。

自由闊達な強い個人が、国際社会を生き抜いていくのだ。

しかし、日本は現在でも、あらゆる分野で〝ムラ〟は生き残っている。

思いつくだけでも政治ムラ、医療ムラ、原発ムラ、土建ムラ……などなど。

そこは、一つの利権の草刈り場でもある。だから、利権の采配を振るう長（おさ）が存在する。それこそが、かつて農村に存在していた長老だ。農村ヒエラルキーは、「長幼の序」だ。

だから、高齢になるほど村長は、尊ばれた。支配するのは、相変わらずムラの掟だ。

若者を活かすフィンランド、若者を殺すニッポン。その対比は、あまりに歴然だ。

●レジ係34歳を首相に抜擢したフィンランド

文部大臣だけではない。フィンランドは、つい最近も首相に当時34歳の女性を抜擢し、世界を驚かせた。それが、サンナ・マリン元首相だ。現在38歳。

首相に抜擢された当時、「レジ係だった女性が首相に！」と、そのシンデレラ・ストーリーが世界を駆け巡った。そこには、人口５５０万人の小国フィンランドを象徴する「人こそ資源」という考え方がある。マリン首相は自身のキャリアについて、「レジ係でも、首相になれるフィンランドを誇りに思う」と公言している。まさに、フィンランド・ドリーム。

就任当時、世界最年少の首相で、かつ美しい女性。

世界は驚愕し、なんと数百件ものインタビュー依頼が殺到したという。
以下――。

『フィンランド　幸せのメソッド』（堀内都喜子著　集英社新書）より要約。


……1985年、首都ヘルシンキで生まれ、幼い頃に父親のアルコール問題で両親が離婚。その後、父親との交流はほとんどない。母は同性のパートナーと一緒になり、地方都市タンペル近郊の公営賃貸住宅に3人で移った。

マリンはいわゆる〝レインボーファミリー〟（子どもがいる同性カップル）の出身だ。

母親は幼い頃、養護施設で育った経験を持っており、高等教育を受けたことはない。様々な職業を転々としていた。失業していた時期もある。決して経済的に「豊か」な家庭ではなかった。親戚も様々な問題を抱えていた。マリンは、家族の中で、初めて高校卒業資格を得ている……


ここまで読んで、ほとんどの日本人は目を疑うだろう。

日本で首相というと、親も政治家だったり、経済的に豊かな家庭で育ったり……というイメージで語られがちだが、それとは真逆といっていい。フィンランドでは教育は大学院まで無料だ。児童手当や単身家庭への支援、低所得者向けのさまざまな手当てがある。

そのため、経済的な事情で進学の道がとざされることはない。子育てにも支援は手厚い……。

日本では、ありえないドリーム。地盤、カバン、看板にしがみつく日本の政治家センセイたちには、絶対信じられないだろう。

通信簿、偏差値、教科書、有名校、共通テスト……全廃！

●フィンランド教育に続け

国民の「幸福度」７年連続１位と50位前後のニッポン。

この差を直視しなければならない。

われわれに必要なのは、かの国と同様、抜本的、根本的、教育改革なのだ。

まずは、日本も30代の文部大臣を任命せよ。

そして――。❶通信簿、❷偏差値、❸教科書、❹有名校、❺共通テストを……全廃する。

じつに、シンプル。かんたんだ。

そうして、忘れてはならないのは、教員養成予算を倍増する。

それだけではない。教育予算も倍増する。教師の給与も倍増する。

すると、優秀な人材が殺到してくる。クラスの人数は、半分以下にする。

教師は、マンツーマンで、とりわけ遅れた子どものケアを重視する。

むろん、宿題はなし。

義務教育では、〝遊び〟を最優先させる。

つまり、世界で類をみない大成功を納めたフィンランド教育を、日本にも導入する。

ここまで書くと、大半の父母たちは不安におちいるはずだ。

「……それで、成績は落ちませんか?」「有名大学に進学できますかね?」

ここでも、まだ〝洗脳〟が解けていない。

われわれ日本人は、敗戦後、「追いつけ！ 追い越せ！」のかけ声で叱咤激励されてきた。

戦勝国アメリカに追いつけ！ 文部省も日教組も、右も左も、同じ。そして、父母たちもそうだ。

「いい学校を出て」「いい大学に入って」「いい企業に入る」。すると、「〝いい人生〟」が送れる。

だから、受験戦争に勝ち残らなければならない。

まさに、受験神話が日本中の両親、子ども、教師を駆り立てた。

そのために、なんと幼稚園まで〝お受験〟戦争に駆り立てられた。

まさに一億総受験戦争が繰り広げられたのだ。日本の戦後〝狂育〟が何をもたらしたか?

それは、世界ワーストワンの若者自殺率だ。

若者たちの〝夢〟は、「死ぬこと」になってしまった。〝自殺率〟は先進国ワーストワン。

不登校はウナギのぼり。教師の精神疾患休職は最多を更新しつづけている。

〝ひきこもり〟は約150万人。さらに、〝うつ〟〝ノイローゼ〟〝発達障害〟……。

日本人の心身崩壊は、確実に進んでいる。

●眼を逸らすな。眼を閉じるな

自立なきところに、真の自由はない。

フィンランド国民は、旧ソ連の支配、それに続くナチスの支配と戦った。

そして、真の独立を勝ち取った。真の独立がなければ、教育の自立もありえない。

日本は、国家も、政府も、メディアも、教育も、〝やつら〟にハイジャックされて今日にいたる。

日本人一人ひとりが、その事実に、まず気づかねばならない。

戦後、日本で行われてきた（教育＝狂育）は、〝ロボット〟教育であり、〝家畜〟教育だ。

それは、最終的に日本人を愚民化し、家畜化し、弱体化し、最後は、この国を乗っ取る。

それが、悪魔勢力の真の目的だ
この戦慄の事実に気づかないかぎり、日本人の自立、日本の真の独立はありえない。

わたしは『日本民族抹殺計画』（ビジネス社）で、この戦慄の企みを暴いた。

日本民族抹殺の危機……それに気づかぬかぎり、日本人の真の覚醒はありえない。

あなたは、お花畑の住民として、殺され、滅びていく道を選びたいか？

そうではあるまい……。そのためには刮目して現実を見据えるしかない。
眼を逸らすな。眼を閉じるな。
前をみつめ、われわれは、前に進み続けなければ、ならない。

〝学び〟こそ〝遊び〟

〝狂育〟からの解放が、本書のテーマだ。
あなたは「……死にたい」という子どもを育てたいか？ そうではあるまい。
なら、わが子を〝狂育〟現場から救出するしか手立てはない。
フヌケと化した大半の若者たちとくらべてみよ！
力いっぱい、天性の才能を伸ばして輝いている若者たちがいる。
それが大谷翔平であり、井上尚弥であり、藤井聡太たちである。
5、6歳という物心ついたときに熱中したものに、人生をかけているからだ。
ただ、それだけ――。

〝学び〟は〝遊び〟なのだ。

しかし、現代の学校では、〝学び〟は〝苦しみ〟でしかない。

つまりはこうだ！

学校を拒否せよ！　フリースクールこそ希望だ。

第６章
江戸時代の〝フリースクール〟「寺子屋」に解決のヒントあり

「楽園に我々は害毒を持ち込んでいる」(『ハリスの日記』)

●江戸はこの世の理想郷

「……わたしは、この世の楽園を見た」

賛嘆の主は、タウンゼント・ハリス。

幕末に来日した米国の初代駐日公使だ。最初に江戸の地を踏んだとき、彼は驚嘆した。

緑うるわしく、花は咲き誇り、街路はきれいに掃き清められ、塵《ちり》ひとつ落ちていない。

街ゆくひとびとは、質素な身なりながら、おだやかな笑みをたたえている。

「……このような美しい百万都市が、ほかにあろうか」

来日の目的は、日米修好通商条約の締結であった。

上陸の地は、伊豆下田——。

ハリスは、当時から、日本の住みよさ、日本人の勤勉さに感動している。

「……希望峰以東で最も優れた民族」と賛辞を惜しまない。

下田の街も「家も清潔で日当たりが良い。気持ちも良い。世界のいかなる土地においても、労働者の社会のなかで、下田におけるものよりも、よい生活を送っているところは他にあるま

い」（『日本滞在記』※日米修好通商条約を締結するまでの1855年〜58年を記したハリスの日記）

　1856年、次のように記している。

「……わたしは蒸気機関の発明により、世界は一変したことを告げた。日本は鎖国政策を放棄せざるを得なくなるだろう。しかし、日本国民には器用さと勤勉さがある。それらの行使を許しさえすれば、日本は遠からず、偉大な、強力な、国家となるだろう」

●東洋の楽園が壊れていく

　ハリスは愛のひとであった。そして、誠実なまなざしを周囲に注いでいる。

来日以来、こと細かに記した日記からも、その人柄が忍ばれる。

「……この美しい日本。非常に心の温かい文明化した国……」「ゴミも落ちていない。子どもを皆が大事にする。お祭りを楽しみ、ゆったりと生きている。足るを知るひとびと。こんなにも素晴らしい理想郷はない」（同日記）

　そして――。ハリスは自問する。

「……こんなにいい理想郷に、われわれが開国を迫り、別のルールを持ち込むことにより、東洋の楽園は壊れていくではないか……。そんなことはしたくない。仕事として、開国を迫らなくてはならないが、開国を迫った結果、その美しい理想郷が壊れ、この人情豊かな国民性が失われ、西洋と同じ、なんの変哲もない国になってしまうのは、耐えられない……できることなら、このまま、そっとしておきたい」

ハリスは下田に上陸した直後から、自分たちが過ちを犯している……と自覚している。

1856年9月4日、下田玉泉寺《ぎょくせんじ》に最初の領事旗を掲げた当日の日記にこう綴《つづ》っている。

「……厳粛なる反省——変化の前兆——疑いもなく、新しい時代が始まる。あえて問う。日本の真の幸福となるだろうか？」

しかし、みずからは日本に開国を迫る役割をになって、この地に上陸したのだ。

その自己矛盾に苦しみ続けた。それは、胃潰瘍の吐血として現れた。

彼は、江戸の地を最初に訪れたときの感動を「この世の楽園を見た」と記している。

しかし、日記は次のように締めくくられていたのだ。

「この楽園も永くは続かないだろう。なぜなら、われわれが害毒を持ち込んでいるからだ」

来日から2年経っても、その信念は変わっていない。

下田に来泊した英国使節団の艦長に対しても、「日本人に対する温かい心からの賛辞」を明かしている。

そして、「……衣食住に関するかぎり、完璧にみえるひとつの生存システム……。それをヨーロッパ文明と、その異質な心情が破壊している」と非難している。

●通詞ヒュースケンの苦悩

ハリスを語るとき、忘れてはならない部下がいる。

通詞（通訳）ヒュースケンだ。この青年は、常に影のようにハリスにつき従った。

彼も日記にこう記している。

「……いまや、私が愛《いと》しさをおぼえ始めている国よ……。この進歩は、ほんとうに、お前のための文明なのか？　この国のひとびとの質朴な習俗とともに、その飾り気のなさを、わたしは賛美する。この幸福な情景が、いまや、終わりを迎えようとしている。西洋の人々が、彼らの重大な悪徳を持ち込もうとしているように思われてならない……」

「……開国は、日本に、果たして一層多くの幸福をもたらすだろうか」「……日本に対する開国の要求は――十分に調和のとれた政治が行われ、国民も満足している国に割り込んで、『社会組織と国家組織との相互関係を一挙に打ち壊すような行為』に見えた」（『ヒュースケン日本日記』）

恩師ハリスと同様に、日本人への賛嘆と、自分たちが行っている行為への自責がにじんでいる。ヒュースケンは、滞在中に日本の娘と恋に落ちている。名前を福という。

ハリスもわが娘のように可愛がり「……おふく、おふく……」と声をかけた。

いっときの幸せな情景。それが、一変する。

ヒュースケンが尊皇攘夷を叫ぶ志士に襲撃され、惨殺されるのだ。

ハリスはわが子を亡くしたように驚愕、落胆した。また、お福の悲しみは筆舌に尽くしがたい。英・仏・蘭の外交団はこの襲撃事件を重大視して、抗議をこめていっせいに江戸を退去した。米公使、ハリスの出方次第では、幕府は国交断絶にもなりかねない窮地に追い込まれた。しかし、ハリスは悲嘆の底にありながら、こう幕府に告げて、ひとり江戸にとどまったのだ。

「……このように人心がなってしまったのも、私が200年来の鎖国を一変させたからである。それを進めてきた合衆国は、あくまで日本政府を助けて、開国の目的を達成させなければならない」

翌年、ハリスはリンカーン大統領に、辞任・帰国許可を願い出ている。大統領はそれを受諾した。1862年、ハリス帰国。ときに58歳。1878年2月24日、死去。享年74歳……。

墓碑銘には、こう刻まれている。

「……外交官として、彼の全経歴は、派遣された国の人民に対しても、心からの尊敬の念を抱いていたことを証明している。日本国民の権利を尊重したので、彼らから〝日本人の友〟という称号を得た」

●〝回収〟された『ハリスの日記』

わたしは『維新の悪人たち』（共栄書房）で、その後日談を記している。

「……生真面目なハリスは、毎日、日記を綴ることを厭《いと》わなかった。その日記は、歴史上も一級資料である。しかし……」（同書）

「――『ハリスの日記』は、（通商）条約調印の辺りで終わっている。ハリスのような几帳面な人が、公使になってから日記をつけなかったとは考えられないが、死後それが発見されなかった、というのは謎であるとともに、史家の大きな嘆きとなっている」（『ハリス』坂田精一著　吉川弘文館）

ここに見えざる力が潜んでいた。

悪魔を信奉する連中にとって、ハリスの澄み切った心情とまなざしは邪魔でしかなかった。

「……そこには、おそらく〝闇の勢力〟にとって、『不都合な真実』が記載されていたのであろう。それは、ハリスの死後、密かに〝回収〟されたものと思える」（『維新の悪人たち』）

欧州の識字率は2割以下、江戸は8割超……!

●車夫が本を読んでいる!

明治初期、来日したドイツ人医師ベルツ博士も日本を賛嘆している。

博士は〝ベルツ水〟の考案者としても知られる。その誕生エピソードからも、博士の優しさがしのばれる。

真冬、日本の宿に泊まった彼は、かいがいしく働く女中さんの手をとって悲しげに首をふった。シモヤケで真っ赤だったからだ。それが、肌荒れを治す薬の考案につながった。それは「ベルツ水」として今日まで伝えられている(※「グリセリンカリ液」として薬局で購入できる)。

1876年(明治9年)来日。東京医学校(現、東大医学部)の教師として招聘《しょうへい》された。勤勉な彼も、日本滞在中、日記を書き記している(『ベルツの日記』岩波書店)。

来日当時、彼が驚嘆した光景がある。

それは、日光東照宮を訪ねたときのこと。東京から約60キロの道程で人力車を頼んだ。車夫は、景気のいい掛け声とともに軽快に山道を走る。そうして、驚いたことに、一休みもすることなく、東照宮に到着した。まず、ベルツはその健脚ぶりに驚嘆した。

車夫は何事もなかったかのように弁当を広げて食っている。

なにか、特別なものを食べているにちがいない、と思ったベルツはのぞき見て拍子抜けした。

それは、麦飯に漬物が乗っているような粗末なものだったからだ。

これら日本の伝統食こそが、日本人の心身の健やかさの源泉であることを思い知る。

衝撃を受けたのは、それだけではない。

車夫は、ベルツに向かって「どうぞ、ごゆっくり見物なさってくだせえまし」と、何事もなかったかのように、懐から絵双紙《えぞうし》を取り出して、読み始めたのだ。

ベルツの目は、その光景に釘付けになった。

「……文字を読んでいる！」

当時から車夫や馬丁といえば、言葉は悪いが、社会最下層の職業とみなされていた。

いわゆるプロレタリアートだ。その最下層の貧民が、悠然と書物を広げて楽しんでいる。

ベルツは絶句し、次に深く感動した。

当時、19世紀後半、欧州の識字率は20％程度だったという。なにしろ、当時の欧米は想像を絶する階級社会。王侯貴族、教会権力。豪農豪商らが支配階級であった。

「教育」とは、かれらの特権であった。被支配階級の小作農奴や徒弟職人、浮浪者などは「教育」とは無縁の存在だった。欧州の都会は、最下層の労働者や孤児や娼婦で溢れかえっていた。

●文明開化か？　文明退化か？

チャールズ・ディケンズの長編小説『オリバー・ツイスト』は、そのような悲惨な時代を生き抜いた孤児オリバーの成長譚である。映画『マイ・フェア・レディ』も見方を変えれば、いかに当時が残酷な階級社会であったかがうかがえる。

教育は、それこそ特権階級の「特権」だった。そして、小作人、労働者、孤児などは、無学、文盲のまま社会に放り出された。それが、欧米の〝常識〟だった。だから、欧州の識字率は2割程度だった。それは、支配階級の比率に、見事に比例している。

これに対して、江戸時代の識字率は8割を超えていた。

これは、世界に誇るべきである。まさに江戸期日本は、世界に冠たる文明国家だったのだ。

それを、軽薄な福澤諭吉らは、脱亜入欧を叫び、これぞ文明開花と唱えた。その正体は、文字通り〝文明退化〟でしかなかった。タウンゼント・ハリスの嘆きは正しかったのだ。

「寺子屋」は世界に誇るフリースクールだ！

●貧富・身分・男女の区別なく

そんな欧州でエリート医師として育ったのがベルツ博士だ。
赴任した極東の島国では、最下層労働者が悠然と本を読んでいる……！
文字通り仰天とは、このことだ……。
いったい、これは、どうして……？
もはや、いうまでもなく車夫に読み書き能力を与えたのは「寺子屋」である。
これこそが、日本が世界に誇るべき教育制度であった。
そこで教えられたのが「読み」「書き」「算盤《そろばん》」だ。

――これさえ、できれば世間で生きていける――

それも「貧富・身分・男女の区別なく」誰もが、物心のつく6歳ごろになると「寺子屋」に通った。

——好論文がある。

『識字能力・識字率の歴史的推移——日本の経験』（斉藤泰雄　国立教育政策研究所）の「寺子屋」についての論述だ。

「……庶民に読み書きや算盤を教える『寺子屋』（手習所《てならいしょ》、手習塾）の普及も注目される。庶民の学習機関として、自然発生的に出現した江戸期の『寺子屋』の数や普及度についても、統計的資料は存在しないが、それは、都市部のみならず、農村でもかなりの普及が見られた」（同論文　一部要約）

まず、「寺子屋」が「自然発生で生まれた」という記述に驚かされる。

じっさいに、「寺子屋」史跡を取材して驚いたことがある。

それは「地域住民の支援・浄財で運営されていた」という事実だ。

わたしは、「寺子屋」とは幕府、諸藩の指導・政策の下、運営されていたと思っていた。

しかし、じっさいは「寺子屋」の発足・運営には幕府・大名が、いっさい関知していないとは驚きだ。つまりは、地域ボランティアにより自発的な運営がなされていたのだ。

斉藤氏の論文は、全国の「寺子屋」痕跡を掘り起こしていく。

「……記録の少ない農村においても、各地に筆子塚（地域の寺子屋師匠の業績や人望を顕彰した碑）が残っていることなどからも推測される」（同　一部要約）

●月謝も決まりなきおおらかさ

ちなみに、「寺子屋」の〝授業料〟は、いくらだったのか？

「……金額に明確な定めはありません。一般的に、『寺子屋』に通う子は師匠に、入門料である『束修《そくしゅう》』と授業料である『謝儀《しゃぎ》』を納めました。江戸と地方では、謝礼の傾向が異なりましたが、江戸では、銭を納める事が多かったようです。そのほか、盆暮れなどに付け届けが行われていたようですが、もちろん、すべての『寺子屋』に当てはまるわけではありません」（「江戸東京博物館」回答）

「入門料」は、具体的には「金一分（四分の一両）から二〇〇〜三〇〇文とまちまち」（『江戸東京学事始め』小木新造著　筑摩書房）

「具体的に公的決まりはなく「庶民も手軽に『寺子屋』に入れるようになった、といいます」（「江戸東京博物館」回答）

全体におおらかであったようだ。

「……どの『寺子屋』も、まったく月謝の定めがなかった。盆暮れや五節句に『百文から、多くて千文程度』持参しました。月謝に直すと『二〇文から二〇〇文』としています」（同書）

月謝ゼロでは師匠役の武士、浪人、僧侶なども、干上がってしまう。

「寺子屋」の由来は、お寺で子どもたちに教えたことに発する。師匠役の僧侶は、月謝の払えない子には、寺の庭掃除などをさせ……それでよしとしたと伝えられる。

なんとも、ほほ笑みの湧く光景ではないか。

●寺子屋は全国に1万5560校…!

興味深いのは〝文明開化〟した明治政府が、江戸期の「寺子屋」制度を調査していることだ。

「……維新後、かなりたった明治16年に、府県を通じて、関係者の記録や記憶に頼って、江戸期の寺子屋の数を遡及して調査している」(『江戸東京学事始め』筑摩書房)

これは、じつに貴重な記録だ。

「……体系的な『寺子屋一覧表』としては唯一の資料となっている(『日本教育史資料』文部省編 明治23年)。そこでは、全国で1万5560校の『寺子屋』の存在を確認する。設立は江戸後期から幕末が圧倒的に多い」「内訳は男子のみ通学5180校、男女とも通学8636校、一校当たりの平均『寺子(生徒)数』は、男児4290人、女児1715人」(同書)

教師は下級武士、浪人、僧侶、神官、医師……

●庶民が支えた教育システム

さて――。

幕府諸藩の公立でもなかった「寺子屋」で、いったい、誰が教えていたのか？

「……師匠は、武士（中・下級武士）、浪人、僧侶、神官、医師、商人、上層農民などで、都市部では平民、そして女師匠もかなり見られた」（同書）

ナルホド……。光景が目に浮かぶ。

つまりは、あらゆる分野の知識人が、幼い子どもたちの前に立ち、教鞭をとったのだ。

ただただ感動する。

欧米では、支配階級が「教育」を独占した。そして、庶民にはその片鱗も与えなかった。

下層の奴隷階級は、無学文盲のまま社会に放り出された。

かれらの生きる術は限られていた。男は肉体労働か犯罪組織しか生きる手立てはなかった。

女もせいぜい女給か娼婦が関の山だった。

国民の約8割が文盲……。都市が犯罪者と売春婦の巣窟となり、荒廃するのも当然だった。

かさねて問う。江戸期と中世欧米……果たしてどちらが〝文明的〟か？

「寺子屋」で、もうひとつ気になるのが「教科書」である。

そもそもボランティアで運営されていた。だから現在の教科書検定制度のように、公権力はいっさい関与していない。おそらく、教科書選定も師匠たちが各々行っていたと思われる。

「……教科書は〝往来物〟と呼ばれるものであり『庭訓往来《ていきんおうらい》』『商売往来』『百姓往来』『日本国尽《にほんくにづくし》』など多種多様なものが使われた。女子には、裁縫、茶、活け花なども教える『寺子屋』もあった」（前出『識字能力・識字率の歴史的推移――日本の経験』）

映画などで「寺子屋」のシーンが登場することがある。

そのとき、幼い子らは、声を揃えて大声で唱読している。

「……子のたまわく……」「一五にして学を志す」「故《ふる》きを温ねて、新しきを知る」「義を見てせざるは勇無きなり」

ここでいう〝子〟とは孔子、孟子など中国古代『儒学』の聖賢である。

彼らの残した聖典を俗に「四書五経」と呼ぶ。さらに、老子、荘子、墨子……など。

これらは、東洋思想の粋を凝縮した古典である。いわば、東洋哲学の最高文献である。

それを、江戸期「寺子屋」に通う幼子たちは、音読し、筆写し、意味を学ぶのだ。

つまり、「寺子屋」では〝往来物〟では将来、仕事に役立つ実学を教え、「四書五経」では、人間として生きる哲学を教えていたのだ。

ちなみに「授業時間」は、朝7時半ごろから午後2時頃まで。休業日は年間50日前後。現在の学校より休みが少ない！

では、「寺子屋」は、何年くらいで卒業したのだろう？

『……修業年限にも定めはなかったが、子どもは通常7～8歳で「寺子屋」に入学し、数年間、そこで学び、個々人の必要に応じた読み書き能力を身につけて世間に出て行った」（同論文）

日本人の知性と高潔さの源泉、ここにあり

●誰ひとり盗まない高潔さ

幕末に来日した欧米人は一様に例外なく、日本人が正直で礼儀正しいことに感動している。ベルツ博士の日記は、そんな驚きと賛辞に満たされている。

中国、朝鮮などの体験と対比しているのも興味深い。

中国を旅行したとき、渡し船に乗った。船頭は渡し賃を10元と言ったのに、降りるときには20元という。倍額ふっかけてきた訳だ。仕方なく払った博士には不快感と不信感だけが残った。

日本にやって来て、やはり渡し舟に乗った。船賃10文とあったが、どうせ20文だろうと、降

りる時倍額払って後にした。すると、なんと船頭が血相を変えて追いかけてくるではないか。何事か、と身構える博士に向かって、船頭は身振り手振りで、船賃は10文なのに、20文はもらえない、と返しに来たのだ。

ベルツ博士は、ただただ驚き、あらためて日本人の正直さに深く感動したのだ。

彼は、宿泊した宿屋でも似た経験をしている。遠出するので、宿の女将に荷物の保管を頼んだ。すると、ああよろしゅうございますよ、どうぞご安心でおでかけなさいまし……と、笑顔で荷物を受け取った。それをどうするかと見ていたら、ポイと部屋の床の間に置いたのだ。金庫かなにかに保管すると思っていた博士はあぜんとした。その部屋はひっきりなしに旅人たちが泊まっていく。旅の最中、鞄は恐らく盗まれているだろう……と、なかばあきれていた。

一週間ほどの旅を終えて、また旅館を訪ねた。女将は笑顔とともに預けておいた荷物を差し出した。博士はそこでも愕然とする。

すべての荷物が預けておいたままだった。財布ですら、中身の金とともにそのまま。ひっきりなしに人が出入りする部屋の片隅に置かれっぱなしだったのに……。

博士の日本人の正直さと高潔さへの尊敬の念は、さらに深まった。

●日本ほど安全な国はない

ある白人の女性旅行家は、幕末の日本を一人旅して紀行書画を残している。

彼女は、驚きとともにこう綴《つづ》っているのだ。

「全国を旅して、身の危険を感じたことは一度もなかった……」。

それは、江戸の街でも同じだった。婦女子が夜中に一人歩きしても安全だった。

南町と北町に奉行所があったが、犯罪があまりに少なく年中ヒマであったそうだ。

大岡越前といえば、名代の御奉行様だが、大岡裁きとして浪曲や落語に、さまざまなエピソードが語られている。いわゆる民事裁判の判決で「三方一両損」などが有名だ。

これも、大岡様もヒマだったから……というオチがつく。

一般に「江戸の町は物騒だった」と思われがちだ。

「……それもこれも、池波正太郎の『鬼平犯科帳』のせいだ」という笑い話もある。

なるほど、鬼の平蔵が活躍するためには、火付盗賊《ひつけとうぞく》が、跳梁跋扈《ちょうりょうばっこ》してなきゃ、話が面白くなりゃせんぜ……というところか。

この日本の治安の良さは、現在でも諸外国の称賛の的である。

それも「天知る。地知る。我知る」（『論語』）などを、「寺子屋」で幼い頃から学んだ故の高潔《こうけつ》な美質だと思うのである。

青い目も驚嘆賛美！ 日本の「寺子屋」制度

●非文明は欧米列強諸国のほうだ

『維新の悪人たち』（前出）の副題は、〝「明治維新」は「フリーメイソン革命」だ！〟

このサブタイトルにいまだアレルギーを覚える自称インテリもいるだろう。

この本では「孝明天皇を刺殺した伊藤博文」「明治天皇を大室寅之祐にすりかえた」二大スキャンダルを詳述している。これらは、もはや歴史を語る上での常識である。

明治維新という革命を仕掛けた国際秘密結社〝フリーメイソン〟は「江戸時代は封建的な非文明であった」と日本国民を〝洗脳〟してきた。しかし、これまで述べてきたように、非文明的であったのは、識字率すら日本の4分の1以下であった欧米列強諸国だったのだ。

彼らは幕末から明治にかけて来日し、日本人の教育・道徳の水準の高さに驚嘆している。

その源泉が世界に類のない「寺子屋」制度であったことに気づいた欧米人もいた。

「……外国人研究者には、こうした『寺子屋』の普及度などを基に、江戸期の識字率を大胆に推測する作業を行っている者がある。ロナルド・ドーアは、その著書『江戸時代の教育』（岩波書店　1970年）において、『疑う余地のないことは、1870（明治3）年の日本における『読み』『書き』の普及率が、現代の大抵の発展途上国よりかなり高かった、ということである」（前出『識字能力・識字率の歴史的推移――日本の経験』一部要約）

たとえば――。

滋賀県の識字率は、男子はほぼ90％、女子でもほぼ半数が読み書きできると判定されている。

●「江戸の読書熱」は想像以上

江戸時代の識字率が高かったことの証明が各種、出版文化の隆盛だ。

「……戦乱のない安定した社会の中で、町人文化が台頭するにつれて、庶民層の間でも徐々に、文字を学ぶことの必要性と重要性の認識が高まり、それを身につける動きが広がりをみせる。一定数の識字層、大衆的読者層の存在を前提とした出版文化の隆盛がそれを示している。家庭生活のための『百科事典』とも言うべき『重宝記』の刊行。『草双紙《くさぞうし》』『仮名双紙』など通俗的・娯楽的な読本（貸本）の普及。貝原益軒『養生記』、十辺舎一九《じっぺんしゃいっく》『東海道中膝栗毛《ひざくりげ》』、式亭三馬『浮世風呂』、滝沢馬琴『南総里見八犬伝』などのベストセラーの出現。『吉原細見』（吉原遊郭ガイドブック）、『江戸名所絵図』、『江戸切絵図』などの出版販売。さらには、新聞の元祖ともいうべき『かわらばん』の販売も盛んに行われている。『江戸の読書熱』は想像以上のものであった」（同論文 一部要約）

少なくとも、江戸時代は、国民が「文字が読める」ことが前提とされている。

つまり、読み書きできて当たりまえの時代だったのだ。

歴史学者の網野善彦氏は、江戸期における文字の普及度の高さについて、こう述べている。

「江戸時代は、このような文字の庶民への普及を前提として国家体制が出来上がっています。江戸幕府は、当初から、町や村の人たちが文字が使えることを前提とした体制だといってよい」

「この国家はおそらくこのような点で、世界中でも非常に特異な国家だと思います」

なるほど……。

「政治的統制の必要（『諸法度《しょはっと》』『お触書《ふれがき》』『ご高札』『五人組帳前書』公布）や、商業や取引活動（『契約書』『簿記』『通信』『両替』）には、読み書き能力は必須のものであった。さらに、農村の統治と経営（『納税記録』『買入証文』『受取勘定』『農事記録』）など。農村指導者層（庄屋、名主、村役人など）の間でも読み書き能力の獲得は不可欠であった」（同論文 一部要約）

●土方歳三と近藤勇の書

江戸の教育水準の高さをうかがわせるのが、幕末の英傑たちの知的水準の高さである。

それは、西郷隆盛や坂本龍馬など尊皇派は、いうまでもなく、幕府方の佐幕派にもいえる。

たとえば、土方歳三や近藤勇。池田屋襲撃でわかるように、彼らは血に飢えた殺人集団のように捉えられている。しかし、日野市にある土方歳三資料館を訪ねて驚いた。

歳三の筆書きの書簡が展示されていた。女性的な草書ながらも、誤字脱字なく見事な書である。そして、驚嘆は近藤勇の揮毫《きごう》である。まさに、明朗闊達、威風堂々……。墨痕《ぼっこん》鮮やかな書は、勇みずから詠んだ漢詩という。彼が斬首で果てたのが弱冠34歳だから、それ以前の書である。土方が函館の五稜郭で馬上突撃の折り凶弾に倒れたのも34歳。この若さで、この教養……。

まさに、文武両道を生き抜いたのだ。

いまどきの34歳と比べると、溜め息も出ない。

まさに昔の日本人は、優秀であった。その証しの一端である。

土方も近藤も、武士の出ではない。壬生《みぶ》浪士である。はやくいえば百姓の出自だ。半農半武……。当然、「寺子屋」で学んだであろう。

しかしその後、上位学問所である、いわゆる藩校で学んだのであろうか。

江戸期、庶民文化が花ひらいた背景を、さらにあげておかねばならない。

それは、支配階級であった武士たちの矜持《きょうじ》と勤勉である。

「――武士は食わねど高楊枝」

文武鍛練を旨とし、奢侈《しゃし》贅沢を戒《いまし》めた。

●人を獣扱いする欧米社会

欧米の王侯貴族や豪商豪農など上流階級は2割程度。残り8割は下層階級だった。

「教育」は2割の特権階級の独占物だった。こうして庶民階級は、文盲の状態に放置された。

だから、欧米では近代以降、栄えたのは貴族文化のみだ。

庶民文化は獣レベル以下におとしめられていた。

しかし、江戸時代はちがう。

栄えたのは支配階級の文化ではない。庶民文化が花ひらいた。

歌舞伎、謡曲、落語、浮世絵、絵双紙……まさに、絢爛《けんらん》たる百花繚乱《ひゃっかりょうらん》の大衆文化である。

こうして爛熟した文化、芸能、娯楽を江戸庶民は堪能したのだ。

どちらのひとびとが幸福だったか、もはやいうまでもない。

第７章

フリースクール革命
「もう子どもは学校に
まかせられない」

子どもの心身を破壊する学校は〝ウソ〟だらけ

●〝できる子〟が登校拒否に

昔の不登校は、〝落ちこぼれ〟だった。

授業についてゆけない。わからない。だから、学校にいかない。つまり、〝できない〟子が不登校になっていった。ところが、昨今では様相が一変している。

はやくいえば、〝できる子〟の不登校が増えている。

授業についてゆけない。これは同じだ。しかし、こちらは、〝馬鹿馬鹿しくて、ついてゆけない〟。

さらに、父母たちの考えも変わってきた。

「学校は〝ウソ〟を教える」「だから、子どもを通わせない」

それは、学校給食などにもいえる。今でも、給食では牛乳が〝強制〟されている。

それは、厚生労働省が「牛乳は完全栄養」「カルシウムが豊富」「骨を強くする」と積極的に推奨しているからだ。

しかし――。わたしは『牛乳のワナ』（ビジネス社）で、これらは完全にまちがいであることを正した。根拠としたのは、すべて医学論文である。

そして、牛乳には35もの病気・疾患の原因であること明らかにした。

●給食牛乳は35もの病気原因

乳児死亡／牛乳アレルギー／乳糖不耐症／貧血／発ガン性／乳ガン／前立腺ガン／精巣・卵巣ガン／白血病／アテローム血栓症／心筋梗塞／脳卒中／糖尿病／骨粗しょう症／骨折／結石／虫歯／多発性硬化症／筋肉萎縮症（ＡＬＳ）／リウマチ性関節炎／クローン病／大腸炎／白内症／不妊症／早死／腸出血／虫垂炎／にきび／発達障害／自閉症／犯罪／うつ病／認知症／肥満症／慢性疲労症候群……。

かつて牛乳を世界で一番多く飲んでいたノルウェーの骨折率は、日本の5倍という多さだった。牛乳を飲むほど骨折が増える――いわゆるミルクパラドックスは、いまや栄養学の常識だ。また、牛乳を飲む量を2倍にするとガンは9倍に激増する。牛乳は史上最悪の発ガン飲料なのだ。

そんな〝猛毒〟飲料を、文科省は学校給食で育ち盛りの子どもたちに強制している。

真実を知った父母ら保護者たちが、反発するのも当然だ。

このように牛乳一つ、その害をみても言葉を失う。

すべて、医学論文で実証されている事実だ。これだけ証拠がありながら、厚労省は、いまだ「牛乳は完全栄養」「丈夫な骨をつくる」と日本国民をだまし続けている。

ちなみに、学校教育の保健体育の授業では「栄養価が高いので肉、牛乳、卵など動物たんぱくをとりなさい」と教育指導している。

しかし、2015年、WHO（世界保健機関）では「ハム・ソーセージなど加工肉の発ガン性は、アスベスト（石綿）なみ」とし、5段階評価で1番目の発ガン性を警告している。

少なくとも国連機関ですら、ここまで断定している。

さらに、米コーネル大学名誉教授コリン・キャンベル博士は「動物たんぱくは史上最凶の発ガン物質」と断言している（『チャイナ・スタディー』グスコー出版）。

なのに文科省は、保健体育の授業で「肉、牛乳、チーズをとりなさい」「優良なたんぱく質をたっぷりとりなさい」と〝指導〟している。まさに、子どもを殺そうしているとしか思えない。

「これでは、子どもを学校にやれない」と親たちが言い出すのもあたりまえだ。

●戦後教育はサルたちの調教だ

第二次大戦後のトルーマン大統領の言葉を、忘れてはならない。

「この国のサルたちを我々は永久に支配する。セックス、スポーツ、スクリーンの〝3S政策で堕落させ死ぬまで働かせて徹底的に搾取する。それは戦勝国である、われわれの特権だ」

敗戦後、密かに機能したのが日米合同委員会だ。

月に2回、東京・山王ホテルで開催された極秘会議。

出席するのは在日米軍の大将クラス（おそらく全員〝フリーメイソン〟）。

向かいに座らせるのが外務省北米局長ら日本の官僚たち。

ここで、アメリカ側から日本政府に数々の要求が突きつけられる。

この場で、いっさいの反論は許されない。

のちに民主党の鳩山由紀夫総理大臣が「首相になって初めてその存在を知った」と独白している。

「日米合同委員会が日本の最高意思決定機関で、国会、内閣には何の権限もなかった」

戦後、日本の教育（狂育）は〝かれら〟に完全支配されてきた。

学校で配られる教科書は、家畜の調教マニュアルでしかない。


――われわれ日本人は、サルではなく、ヒトとして生きなければならない。

そのためには、教科書という名の〝調教マニュアル〟を大地に叩きつけなければならない。

世界をだました学者たち

●カール・マルクス（経済学）：巨大資本家が工作した共産主義

わたしは近年『世界をだました5人の学者』（ヒカルランド）という啓蒙書を上梓《じょうし》した。ここでは、近代において、人類をだました〝偉大な〟学者を断罪している。カール・マルクス。この名に左翼の方は驚愕するだろう。なぜなら、マルクスこそ、人類史に残る〝革命の神様〟だからだ。それを斬って捨てるなど不敬罪に相当する大罪であろう。マルクスは「共産主義インターナショナル」という秘密結社を設立したことで知られる。共産主義とはいうまでもなく、労働者を搾取し肥え太った資本家を殲滅《せんめつ》し、その富を奪回し、労働者が独裁支配する未来の理想社会を創る。それが、共産主義革命である。「共産主義インターナショナル」は、その革命運動の司令本部として設立された（後には、ソ連コミンテルンとなり、世界の共産主義運動を主導）。

その創立メンバーは当初、3人しかいなかった。マルクスと詩人のハイネ、そして、3番目に意外な人物が控えていた。ライオネル・ロスチャイルド。いわずと知れた欧州屈指の資本家だ。そもそも、マルクスたちが真っ先に打倒すべき敵が、共産主義設立メンバーに名を連ねている！

結論を言おう。マルクスは、ロスチャイルド財閥が育てた「工作員」にすぎなかった。

初代マイヤー・ロスチャイルドは、1773年、「あらゆる国家、民族、宗教を滅ぼし、われわれが地球を支配する」と宣言し、「25箇条」の『計画書』を採択している。

そこに、「工作員」を育てて、人類（ゴイム：獣）を支配する――と明記している。

つまり、マルクスは巨大資本家が育てた「工作員」であり、共産主義は、悪魔勢力が地球支配を行うための国家破壊ダイナマイトでしかなかった。

●東西冷戦という市場創造

ロスチャイルドが共産主義を創作した目的は、短期的には国家の破壊装置だ。

しかし、長期的には、さらなる遠大な計画があった。

それは、地球を共産主義圏と資本主義圏に二分することだ。

いわゆる東西対立の図式をつくる。地球の半分は共産主義。残り半分は資本主義。

この東西対立を創出、演出する。すると、双方はイデオロギー対立から、お互いに敵対し、軍拡競争に邁進する。するると、まず両陣営とも軍事費調達の資金が必要となる。

ここで、ユダヤ金融資本の出番だ。双方に巨額資金を貸し付ける。

つづいて、この軍事費で双方とも大量の武器を購入する。

つまり、金融と兵器で、目がくらむほどの巨利を上げることができる。まさに、一挙両得丸儲けだ。

もう、おわかりだろう。東西対立の冷戦構造は〝闇の勢力〟が仕組んだ巧妙な市場創造だったのだ。

〝やつら〟にとっては、緊張、紛争、戦争こそがビジネスなのだ。

〝やつら〟にとっては、安心、和解、平和こそが悪夢なのである。

●フロイト（精神医学）：変態老人が精神を破壊

「20世紀の知の巨人」。これがフロイトの賛辞だ。しかし、調べてあきれ果てた。

その正体は、たんなる変態老人でしかなかった。

彼は、そもそも、もともとは風変わりな街の精神科医にすぎなかった。

秘密結社〝フリーメイソン〟メンバーであり、あるロッジで持論の精神科理論をぶったら、一夜にして流星のごとく、世界最大の精神科医に祭り上げられた。

「イルミナティ」「フリーメイソン」「ディープステート」という三段重ねの国際秘密結社が、全世界の組織をあげて彼の著作を売りまくったからだ。

フロイトの精神分析も同じ。たんなる対話療法の一種にすぎない。なのに革命的精神治療法であるかのように喧伝され、全世界に広まった。フロイトは「肛門は第二の性器」と公言し、「肛門性愛」を推奨。さらに「近親相姦は特権である」とおぞましい理論を堂々と開陳している。

じっさい、彼は妻の妹を犯し、妊娠させている。変態老人の面目躍如である。

また「男には母親を犯す欲求、父親を殺す欲求が、潜在意識にある」と唱えた。

自分自身の歪んだ性癖を、人類普遍の心理と勘違いしたのだ。

しかし、〝闇勢力〟の〝洗脳〟は恐ろしい。悪魔から知の巨人（痴の虚人！）の称号を与えられたフロイトは、手間もコストもかからない精神分析なるペテン療法で、大金を稼ぎまくった。そして、本人は「お金は私の〝笑気ガス〟」と悦に入っている。

精神医学の頂点に押し上げられたフロイトは、やりたい放題、いいたい放題……。

「肛門性器論」「幼児にも性欲はある」「近親相姦は権利だ」と「同性愛」「幼児性愛」「近親相姦」さらには「母子姦」「父殺し」まで認めている。まさに、おどろおどろしい悪魔の教義だ。

フロイトは、人間の深層心理にはこれら欲求（リビドー）がある、と唱えた。

このような狂った理論で精神分析が行われた結果……精神破壊、異常行動、発狂、自殺……などの〝被害者〟が頻発した。

こうして、精神分析なる珍妙な〝黒魔術〟は、いまは完全に廃《すた》れてしまっている。

しかし、フロイト精神分析は、一時期、熱病のように世界中に広まったのだ。

それは、マルクス主義が、熱情のように世界に広まったのと酷似している。

フロイトは精神を破壊し、マルクスは世界を破壊した。

ちなみに精神医学で評価できるのは、フロイトの弟子で、袂《たもと》を分かったユングである。彼が唱えた集合無意識は、「量子力学」が解明された昨今、見事な心理学として再評価されている。

●アインシュタイン（物理学）：ヒモ理論の証明で〝嘘〟がばれた

物理学といえば、反射的にあの白髪の舌出し顔を思い浮かべてしまうだろう。

まさに、〝洗脳〟の威力は絶大である。

〝闇の勢力〟は、科学分野において、アインシュタインを〝洗脳〟要員として活用してきた。

アインシュタインが最後まで認めなかったのが「量子力学」だ。

相対性理論が、たった一人の〝天才〟のひらめきで発案されたのに対して、「量子力学」は数百、数千人の天才研究者たちが、１００年近い年月を経て解明した理論だ。

しかし、アカデミズムやジャーナリズムから脚光を浴びることはなかった。理由はかんたんだ。学問も報道も過去２００年以上にわたって〝闇勢力〟が支配してきたからだ。

とはいえ、真理を隠し続けることはできない。２０２２年、ついにノーベル委員会は、３人の「量子力学」研究者にノーベル物理学賞を授与した。理由は「ヒモ理論の証明」の功績に対してである。

「量子力学」の三大理論がこれだ。

（1）「ヒモ理論」：対の量子は一億光年離れていても同時変化する。
（2）「重ね合せ理論」：一つの量子は異なる場所に同時に存在する。
（3）「テレポート」：存在とは量子波なので、瞬時に時空を超える。

この三大原理は、それまでの科学の常識を根底から粉砕する。

相対性理論にとどまらず、ニュートンからガリレオまで、既成科学の概念をフッ飛ばす。

既成の科学常識は、もはや通用しない。つまり既成の科学教科書は、まったく役に立たない。

だから、学校で「科学」をいくら学んでも無駄なのだ。

これまで、UFOとかエイリアンといえば、馬鹿扱いされてきた。

「太陽の隣の恒星まで4・2光年。どうして銀河の彼方から来れるの？」

しかし、「量子力学」は、「テレポーテーション」によりUFO、エイリアンが飛来していることを立証した。「量子力学」によれば宇宙には11次元が存在し、「テレポーテーション」は時空も超える。つまり、タイムマシンも存在する。

そして、これまでの天文学の常識は完全崩壊した。

人類の歴史も地球外生命の関与を抜きには成り立たない。人類史は、宇宙史によって、すべて書き替えられる時が来たのだ。ここでも旧来の教科書はゴミバコ行きだ。

●免疫細胞の存在すら知らないウィルヒョウ医学

世界中の医学部で、いまも教えられている学問がある。

それが、ウィルヒョウ医学だ。約150年昔、ベルリン大学学長や政治家などを歴任し、ドイツ医学界に君臨した大物学者である。別名、〝死神ドクター〟。

そんな彼は「近代医学の父」と今も称えられている。

ウィルヒョウ医学における最大の過ちは、自然治癒力を真っ向から否定したことだ。

「……生命も精巧な機械にすぎない」。これが、有名な「生命機械論」である。

彼は、さらにこう続けた。「機械にすぎない物体に、自然に治るなどという神秘的力など存在しない」「病気を治すのは、われわれ医者であり、医薬であり、医術だ」。

だから、現在でも世界中の医学部で、「自然治癒力」の講座は、まったく存在しない。

彼に、うやうやしく〝医学の父〟の王冠を授けたのがロックフェラー財団だった。

「医学の父」は免疫細胞の存在すら知らなかった。そして「ガン細胞は、一度生まれると患者を殺すまで増殖する」とガン無限増殖論を主張した。

この150年近くを経たカビのはえた医学理論を、いまも世界の医学部で教えているのだ。

〝医学の父〟は、ガン細胞を攻撃するNK細胞（ナチュラルキラー細胞）の存在など、まったく知らない。それも無理はない。NK細胞の発見は1975年。彼の時代より100年以上も後だ。つまり、ウィルヒョウ医学は、あまりに古すぎ、お粗末すぎて、使い物にならない。『医者が患者をだますとき』（ＰＨＰ研究所）が全米で大ベストセラーとなったロバート・メンデルソン博士は、全世界の医学部で教えられているウィルヒョウ医学を、殺人医学と断罪している。

●フォイト（栄養学）：〝人口削減〟の破壊兵器

カール・フォン・フォイトの別名は、〝近代栄養学の父〟だ。

この称号を授けたのも、ウィルヒョウと同じ〝闇勢力〟だ。

フォイトは、ドイツ、ミュンヘン大学（生理学部）に45年間もボスとして君臨し、ドイツ生理学界を支配した。フォイト栄養学の大罪は、その〝殺人〟栄養学にある。

彼は、こう唱えた。人間にとって、もっとも必要な栄養はたんぱく質である。植物たんぱく質は、劣等たんぱくなので控える。動物たんぱくは優良たんぱくだ。なかでも肉は優れたたんぱくなので、ドイツ国民は、現在の約2・5倍肉を食べるべきだ。炭水化物は栄養価が乏しいので食べてはいけない。これだけも、メチャメチャな学問であることがわかる。

さらに、生命エネルギーは、食べた食物の燃焼エネルギー。だから、成人は一日２４００キロカロリー摂らねばならない、と唱えた。寝ていても基礎代謝熱量にあたる１２００キロカロリーは摂取すること。「このカロリーを下回るとやせ細り餓死する」。

以上は、やはり世界中の「栄養学」講義で、いまも教えられている。

農薬漬け、添加物漬け、ジャンクフード（くず食品）……さらに、ハンバーガーやフライドチキン、牛丼……。狂った食事が心身を狂わせる。その餌付けに使われたのが、フォイト栄養学だ。

しかし、約9割の日本人は、自分が日ごろ食べている物が、心身を狂わせていることに、死ぬまで気づかない。この狂食を推進しているのが厚労省だから、恐ろしい。

国家資格の栄養士資格は、フォイト栄養学を修めた者のみに授与される。

この栄養学は肉食礼賛だけでなく、さらに砂糖類を推奨する〝悪魔の栄養学〟だ。

その結果、血管壁に脂汚れが沈着し、心筋梗塞、脳梗塞、多臓器不全などの血栓症で、人類の25％（約20億人）が〝殺されている〟。

●目前の未来をテキストにせよ

歴史狂育も呆れ果てる。まず、教えるべきは「ヒストリーは、〝ヒズ・ストーリー〟である」という真理。つまり歴史とは「権力者の物語」なのだ。

そして、政治学「権力」三大命題は、（1）「腐敗」、（2）「隠蔽」、（3）「弾圧」、である。つまり、権力とは必ず腐敗し、隠蔽し、弾圧する。それを、まず子どもたちに教えるべきだ。

日本史は最高権力者（天皇家）に都合よい皇国史観に貫かれている。そして、不都合な真実を書いている史書は〝偽書〟の烙印を押され、歴史の闇に葬られている。

海外でも同じ。アメリカ独立宣言に署名した56人のうち53人はフリーメイソン会員。つまり、アメリカ合衆国を作ったのは、国際秘密結社〝フリーメイソン〟そのものだった。

そんな真実をアメリカ国民の99％は知らない。やはり、権力は隠蔽するからだ。

試みに『広辞苑』で〝イルミナティ〟と引いてみるとよい。「ない！」「どこにもない！」。

〝フリーメイソン〟となると、さすがに無視できない。

「……アメリカ、ヨーロッパを中心にして世界中に組織を持つ慈善・親睦団体」（『広辞苑』）

「慈善団体」には、笑ってしまった。少なくとも「国際秘密結社」くらい書きなさいよ。

さらに、こう続く。

「……起源には諸説あるが、18世紀初頭ロンドンから広まる。貴族・上層市民・知識人・芸術家などが主な会員で、理神論に基づく参入儀礼や徒弟・職人・親方の三階級組織がその特色。普遍的な人類共同体の完成を目指す。モーツァルトの歌劇『魔笛』などで知られる」（同）。以上。これでおしまい。

「普遍的な人類共同体」の正体は、「新世界秩序（ＮＷＯ）の家畜社会」である。

なぜなら、かれらの中枢を占めるユダヤ教は、異教徒を〝ゴイム（獣）〟とみなしているからである。これぐらいの基礎情報は、ちゃんと書きなさいよと教科書執筆者にいいたい。

しかし、そんなことを書いたら検定教科書から弾かれる。

『医学大辞典』や『広辞苑』に載っていないことを、検定教科書に書くわけがない。

以上――。経済学、精神医学、物理学、医学、栄養学……既成テキストは、完全崩壊している。これら教科書の内容は、〝嘘〟だらけで学ぶに値しない。

生物学も「波動生理学」により根底から覆る。加えて「波動医学」の台頭で、既成医学は完全崩壊していく。すべての既成学問と旧体制（アンシャンレジーム）の大崩壊が始まったのだ。教科書（狂化書）は過去の欺瞞と欺罔に満ちている。われわれは目前の未来をテキストにして生き抜くしかない。つまり、未知への挑戦だ。それこそが「フリースクール革命」なのだ。

「フリースクール革命」：権力支配からの解放

〝洗脳〟からの脱出は寺子屋の復活に通ずる？

「……学校はわが子に真実を教えず、ウソを教えている」

そう気づく親が増えてきている。そんな学校にはやりたくない。

だから〝できる子〟の不登校も増えている。そんな子は、どうする？

自分たちでつくったフリースクールに通わせる。

あるいは、親や家庭教師が教える。いわゆる自宅学習。ホームスクールだ。

このように学校以外で子どもたちを学ばせる。昨今、そんな機運が盛り上がっている。「フリースクール革命」とは、いいかえると権力支配からの解放だ。

さらに極言するなら、悪魔勢力の〝洗脳〟からの解放である。

その意味で、これから日本が向かうべきフリースクール革命は、一種の「寺子屋」「私塾」「藩校」の復活に通じる。

さて――。以下は現在のフリースクールの現状である。

「……フリースクールとは、不登校の小中高生が、学校以外で学んだり、友達と過ごしたりできる〝居場所〟のこと。文科省の2015年の調査によると、日本では474か所のフリースクールが確認されています。おもに不登校の子どもたちを受け入れていますが、学習障害や発達障害のある人などを支援する施設も多くあります」（「ズバット通信制高校比較」https://zba.jp/tsushin-highschool/）

つまり、フリースクールと一言でいっても、多種多様なものがある。

文科省の定義も、アバウトなものだ。

「不登校の子どもを受け入れることを、主な目的とする団体・施設」

つまり法律や制度などによって定められた学校ではない。そのため、定義もさまざまなのだ。

「……フリースクールは公的な機関ではなく、個人や民間企業、NPO法人によって運営されています。設立の目的によって、規模や形態、活動内容など多様です。また、おもな特徴としては『入学資格を設けていない』こと。異なる年齢の子どもが集まっていて、学校のように『決まったカリキュラムがない』などがあげられます」（同サイト）

●フリースクールでも「出席扱い」

ここが、大切なポイントだ。

「小中学生の場合、義務教育期間中なので、小中学校に籍を置いたまま、フリースクールを利用することになります。そして、小中高生ともに在籍校の校長が認めた場合、フリースクールへの登校が在籍する学校の『出席扱い』になります」（同サイト）

なぜ、ここまで学校側が〝寛大な〟措置をこうじているのか？

それは、５章でも触れた、不登校児童のすさまじい増加にある。

小中学校の不登校児童生徒数は、29万９０４８人（文科省調査、２０２２年度）。

当然、過去最多だ。前年比で５万４１０８人増（22・１％増）の勢いで増え続けている。

わかりやすくいえば、全国に30万人もの小中学生の〝教育難民〟があふれている。

そして、それは年に5万人もの勢いで増えつづけている。

これら学校脱出組に、政府文科省も学校当局もお手上げだ。だから、セーフティーネットとして各種フリースクールが、全国に登場してきた。それも自然な流れだ。

校長が認めれば、フリースクールへの出席も、在籍校の出席日数として認められる。

これは、わたしも初めて知った。これで、勇気づけられる保護者も多いだろう。

「……なら、安心して登校拒否できる……」

この〝寛大な措置〟は、さらに学校からの脱出を加速しそうだ。

フリースクールに似た存在に、サポート校がある。

「……サポート校は、学校法人ではない。予備校や学習塾など民間の教育機関が運営していることが多い。それは、『通信制高校に在籍する生徒の学習支援を行う』ことを軸足にしているスクールのこと」（同サイト）

サポート校とフリースクールのちがいは「入学資格」があること。「中学校卒業見込み者」「中学校卒業者」「通信制高校在籍者」などの制限がある。だから、こちらは完全フリーではない。

どんなフリースクールがあるのか？

●玉石混交……種々雑多

フリースクールは、いつごろからでき始めたのか？

「……1970年代中頃から80年代中頃とされています。その後、不登校の生徒が増えるに連れて、『子どもの側ではなく、学校側に問題があるのでは？』という考えが広まっていき、90年代頃から全国に誕生しました」（先輩ママたちが運営する不登校の道案内サイト「未来地図」https://miraitizu.com/）

まさに、自然発生的に生まれている。そして、一施設あたり平均13人の子どもが通っている。全国フリースクール64％の子どもは10人以下だ（文科省調査）。

小人数で肌を寄せ合い、励ましあっている。そんな情景が目に浮かぶ。

自然発生という流れは、かつての江戸時代の「寺子屋」を彷彿とさせる。

文科省など国家権力とは無関係な土壌から自由に芽吹いたのがフリースクールなのだ。

それだけに、現在は小さな若芽であっても、未来を感じさせてくれる。

前出の通信制高校比較サイト「ズバット」では、以下のアドバイスをしている。

「……フリースクールは公的教育機関ではないため、理念や目的によって特徴や強み、受けられる支援内容、費用などが異なります」（同サイト）

つまり、よくも悪くも玉石混交……。種々雑多なフリースクールが存在しているのだ。

だから、ひとつとして同じフリースクールはない、と考えたほうがよい。

ただ、呼び名がフリーだけに、息苦しい学校空間とは、ひと味ふた味異なる。

活動内容や授業内容は、「……基本的には、学校のように決まったプログラムやカリキュラムがなく、その日に何をするのかは、（遊びも含めて）本人が自由に選べるスクールが多い」（同）

■種々雑多なフリースクール。ひとつとして同じものはない

【図版23】フリースクールの活動内容

区分	団体・施設数	実施率(%)
個別の学習支援	299	85.2%
授業形式(講義形式)による学習支援	115	32.8%
社会体験(見学・職場体験など)	212	60.4%
自然体験(自然観察・農業体験など)	223	63.5%
調理体験(昼食作りなど)	226	64.4%
芸術活動(音楽・美術・工芸など)	208	59.3%
スポーツ	232	66.1%
宿泊体験	122	34.8%
子どもたちによるミーティング	144	41.0%
学習成果、演奏や作品などの発表会	102	29.1%
相談・カウンセリング	289	82.3%
家庭への訪問	143	40.7%
その他 特色ある活動	94	26.8 %

※複数回答あり。実施数は団体・施設数(351カ所)に占める割合
出典: 文部科学省「民間の団体・施設との連携等に関する実態調査」令和元年5月13日

——さらに、以下のような特徴がある。
▼「一人ひとり個別の学習支援を行う」(85・2%)
▼「進路指導やカウンセリングを実施」(82・3%)
▼「自然・農業体験、芸術・スポーツ、調理など」(約60%)
▼「講義形式の授業も行われている」(32・8%)
※詳細は【図版23】参照(文科省調査)

まさに多種彩々。アウトドアに強いフリースクールもあれば、インドア系、さらには芸術系、スポーツ系などなど。

子どもにピッタリはまると、その子は大きく伸びるはずだ。

●登校拒否こそエリートの道

子どもが不登校になる。

父母の不安、心痛はよくわかる。

しかし、ものは考えようだ。現代日本の学校教育は、小中学校から高校大学まで、〝洗脳狂育〟なのだ。

真実は、ほとんど教えられていない。

〝嘘八百〟を❶暗記狂育、❷偏差値重視、❸受験戦争で、頭に詰め込まれている。

こうして、暗記力１００％、思考力０％の〝暗記ロボット〟ができあがる。

それも、頭に詰め込まれたのは、役に立たない石コロのようなウソ〝知識〟だ。

頭の中に砂利を詰め込んだようなものだ。そういう意味で、受験戦争の〝勝利者〟である東大生などは、アタマの中身は砂利だらけ……。これを昔から〝石頭〟というのだ。

東大生こそが、現代社会の最大の〝落ちこぼれ〟といってよいかもしれない。前述のように、東大とは日本を支配する悪魔勢力が考案した巧妙な支配システムだ。

東大の正体は、全国の〝神童〟を一か所に集めて骨抜きにするシステムなのだ。

一網打尽――。悪魔たちの悪知恵は、じつに狡猾だ。

だからこそ、登校拒否こそ、これら悪魔の投網《とあみ》から逃れる道なのだ。

それは、自由闊達な成功への道だ。

本田宗一郎、松下幸之助、田中角栄……みんな小学校卒業である。

〝かれら〟こそ、悪魔の網から逃れた故に、成功者となり得た証《あかし》だ。

「そうはいっても……」。不登校の子どもを抱える父母は、ため息をもらすだろう。

「フリースクールじゃあ、学歴にならないでしょう？」

国家権力（文科省）も、前出のようにフリースクールの存在意義を認めている。

「……フリースクールなど、学校外の施設において相談・指導を受けている者もおり、このような児童生徒の努力を学校として適切に評価し、学校復帰などの社会的自立を支援するため、小・中・高等学校の不登校児童生徒が学校外の機関で指導等を受ける場合について、一定要件を満たすとき、校長は、指導要録上『出席扱い』にできる」（文科省・平成21年『不登校の児童生徒への支援について』より）

これまで、高校生の不登校は、中途退学となるケースが多かった。

しかし、この文科省決定により平成21年から「出席認定」が促進されるようになった。

「……各学校の校長の判断によるため『必ず出席になる』わけではありませんが、フリースクールを検討するさいは、ぜひ学校へ確認してみてください」（前出「未来地図」）

●定期券も「通学定期」ＯＫ！

ここで、フリースクールへの通学も「出席認定」されると、フリースクールに通うための定期券を買う時も「通学定期」として購入できる。これは、押さえておきたい情報だ。

現在、文科省の調べでは、フリースクールに通う子どものうち、５割強の子どもたちは在籍校での「出席」扱いとなっている、という。

もう一つ。気になるのが卒業資格だ。フリースクールは民間施設なので、公的な卒業資格を与えることはできない。しかし、日本国憲法は、万民に義務教育を受ける権利を保証している。

そこで、文科省は、以下のように折り合いをつけている。

「……義務教育機関である小中学生の場合は、もとの学校に在籍したまま、フリースクールに通うことになります。公立の小中学校の場合は、出席日数などは関係なく、卒業は可能であるため、在籍している小中学校の卒業資格が与えられます」（前出「未来地図」）

そこで、問題となるのが私立学校の場合だ。

「……私立中学校では、高校と同じように退学制度があるため、中途退学となる可能性があります。通わなくなった時点で、公立中学校に転校手続きをして卒業する人が多いのですが、『中学校卒業程度認定試験』（中卒認定試験）を受験し、合格すれば、中学校を卒業できなくても高校進学が可能です」（同サイト）

●最終学歴が中卒になるケースも

ただし高校での不登校はハンディとなる。

「……フリースクールと平行して、定時制高校や通信制高校に通って卒業することもあります」（同サイト）

そうすると、在籍校では退学扱いとなって卒業資格がとれないケースもありうる。

しかし、定時制高校などのバイパスを経れば、高卒資格は得られる（在籍校の校長がフリースクールを認定すれば、出席扱いも可能になる）。

その他、「……『高校卒業程度認定試験』（高認）を取得することが、高校卒業と同等に認められています。ただし、『高認』を取得しても、最終学歴は変わらない（中卒）ので、その点のみ注意しましょう」（同サイト）

さらに「単位」の課題がある。多くの私立中学校・高校では、卒業するために「単位」が必要だ。フリースクールは学校ではないので、単位を直接取得できない。しかし、いくつかの私立学校では、フリースクールで特定授業やカリキュラムを受けることで「単位」を取得できるという（各学校に要確認）。

●地域や学校で異なる対応

その他。地方自治体によって、フリースクールへの対応が異なる。これも、要注意だ。

たとえば神奈川県の県教育委員会は先進的だ。「県立不登校生徒など単位認定プログラム」に取り組んでいる。これは、フリースクールなどを運営するＮＰＯ団体が協働で、特定ボランティア活動や就業体験プログラムを受講すれば、高校の単位を取得できる。

その他、全日制・定時制の高校に在籍する不登校生に対して「通信教育を受ける」ことで、単位認定されるようにする取り組みもある。

このように、昨今激増する膨大な不登校に対して、行政や民間の対応も流動的だ。だから、関係学校や省庁、教育委員会などに現状確認が絶対必要となる。

今年と来年では、対応や制度が大きく変わっていることも考えられる。

高校をボイコットしても大学に行けるぞ！

●裏技バイパス、「大検」で一発クリア！

不登校で高校に通えず、中卒になるのはいやだ。大学受験はできないの？

そんな悩みを一発でクリアするのが「大検」だ。正式には「大学入学資格検定制度」（現在は『高等学校卒業程度認定試験』）。

これは、昭和26年（1951年）スタート。

その趣旨は――。

「……義務教育を終了した者で、高等学校教育を受けられない勤労青少年等に対し、能力に応じて、広く高等教育を受ける機会を与えるための国の検定として発足」

つまり、高校卒業資格がなくても、「大検（高認）」に合格すれば、大学受験が可能となる。

これは、もともと経済的理由で大学進学がかなわなかった青少年への支援で発足したものだ。それが、今日は、膨大な不登校青少年の救済支援となっている。はやくいえば、教育システムの〝バイパス〟だ……。この「大検」制度は、実質、高卒資格となる。だから高校に行かなくても大学進学は可能なのだ。つまりは、中卒でも大学進学への道は開かれている。

「大検」の門戸は、年々、大きく開かれている。

平成13年には「……受験機会拡大の要請に対応し、（1）検定年2回、（2）試験期間（2日間を年2回）、（3）科目数（9～10科目に削減）」。さらに平成14年、「『大検』合格者で、17歳以上で、大学側が『特に優れた資質』と認めた場合、例外措置として、大学入学資格を認める」（文科省）

つまり「大検」で優秀成績を残せば、「大学入試」を免除される場合もあるのだ。

——さらに道は開けた。

●不登校児の「大検」による成功物語

わが船瀬塾の優等生、村山功氏（会社経営者）のサクセス・ストーリーは痛快だ。

奥武蔵のわが家（名栗山荘）でおこなわれる恒例の一泊二日「合宿」に、一人の物静かな青年が参加してきた。全国10人の少数精鋭、集中ゼミ。村山さんは若くして映像著作権会社を成功させている。その静かな物腰には才気が漂っている。ただの若者ではないな……、と経歴をたずねた。

すると、さりげなく　高校は不登校だった、という。

「……でも、『大検』がありましたから……」

なんと、独学で「大検」に一発合格。さらに、難関、慶應義塾大学にも現役合格。大学を卒業すると、成績優秀で留学試験もクリア。アメリカの一流大学に留学している。

「ボクは日本語より、英語のほうが得意なんです」さらりと言う。

「それと、将棋では、ほとんど負けたことがないですね」

いやはや……ＩＱがめちゃくちゃ高い超天才なのだ。

「企業には就職する気はさらさらなかった」と起業して、世界を股にかける事業家として成功をおさめている。まさに、不登校生がいかに輝かしい未来と成功をゲットするか。その好例だ。村山氏が高校進学し、受験戦争の既成レールに乗っていたら、これほど痛快に成功することは、かなわなかっただろう。

わたしは確信する。これから日本を救う天才は……不登校→「大検（高認）」→大学→起業家という受験戦争の〝バイパス〟コースから誕生すると確信する。

かれらは、味も素っ気もない学校狂育の〝毒液〟に染まっていない。

自由闊達にのびのび楽しみながら学んでいる。だから、アメリカ留学も果たし、起業も成功しているのだ。

子どもがいきいき育つスクールを選ぼう

●学習、自然、芸術、スポーツ……

フリースクールを選ぶ。そのとき、どういうことに注意したらいいか？ 専門家は以下をアドバイスする。「本当に必要な支援を受けられる相性のよいスクール」

フリースクールは個性・特徴で8分類できる。

（1）学校復帰より元気回復：

――不登校の子どもの「自信と元気を取り戻すための居場所」となることを第一目的としている。「基本的に学校復帰を前提としておらず、安心できる先生やスタッフ、仲間と一緒に過ごすなかで、自信や学ぶ意欲を取り戻すことを基本方針としている」

（2）学校復帰の学習サポート：

――「いずれ学校に復帰したいと望む子どもを対象にする」。一時的に学校を離れて居場所として利用できるスクール。子どもの心身をひと休みで癒やす。そして「学校の授業の進度に合わせて、個別に学習指導が行われる」

（3）学習障害児をケア支援する：

――学習障害や発達障害で勉強ができなかったり、人間関係づくりが困難な子どもをケア。傷ついて不登校になった子どもを専門家がサポートする。こういう子どもたちに、天才的能力が潜んでいるケースが多い。

（4）医療機関と連携支援スクール：

――心身に疾患のある子どもを対象にしたスクール。医療機関と連携サポートが受けられる。

しかし、それが薬物療法では、逆に健康破壊、人格破壊につながりかねない。芸術療法、運動療法、ヨガ訓練など、創造性発露の方向をめざしてほしい。

(5)自宅支援が可能なスクール：

――いわゆるホームスクール。不登校でスクールへの登校が困難な〝ひきこもり〟の子どもが対象。「スタッフが自宅まで来て、一緒に時間を過ごす。子どもの希望や状況に応じて、興味を示したことや、自主的に行っていること（ゲーム、絵描き、運動など）を共にする」。そのなかで、家の外に出る意欲を取り戻すことを目標としている。

(6)自然の中で共同生活：

――「みんなと同じ場所に住んで、共同生活をするなかで、安心感や自立心、意欲を育む」。自然豊かな環境にあることも多い。規則正しい健康的な生活習慣を身につけるため、日課が決められているケースもある。逆に、子どもの自主性に任せて自由に活動させるスクールもある。自然は、まさに神が与えてくれた〝学校〟といえる。

(7)通信制高校・サポート校の小中等部：

――「小中学生を対象に、通信制高校やサポート校が開設しているスクール」「高校生が使う教室や施設が利用できたり、高校生を教えている先生が対応し、進学後の高校生活をイメージしやすい」「時間制スクールで好きな時、学びたい内容を学べる」など方式はさまざま。

(8) 〝オルタナティブ・スクール〟:
——「子どもの自主性をのばす新しい独自の教育方針をもつ」「不登校と関係なく、新しい教育方針のもとで学ばせたい」保護者に選ばれている。

全国ですでに500近いフリースクールが運営されている。

心身を捧げているスタッフや教師の方々には、頭が下がる。それでも、言っておきたい。

フリースクールを運営するということは悪魔的〝狂育〟から子どもたちを解放することだ。

しかし、関係者で世界を支配する闇勢力の存在に気づいている人は、ほんの一握りだろう。

あなたがたは、子どもたちを悪魔の〝洗脳〟から救い出しているのだ。

だから、〝やつら〟の支配の狡猾さに気づかねばならない。

子どもたちに世界の仕組みにめざめさせなければならない。

既成学問はとっくに死んでいるのだ。

——〝遊び〟をせんとや生まれけむ

子どもたちを自由の天地に羽ばたかせよう。

第８章
「なに？」「なぜ？」「どうして？」から、すべては始まる

赤ちゃんとフランス語とブルース・リー

●〝ナーニ？〟は好奇心の発露

赤ちゃんが最初に発する言葉は「……ママ」だそうだ。

西洋では、これを母親への語りかけととらえた。だから、英語でお母さんを〝ママ〟という。

日本人は、これを食物を求めているととらえた。だから、日本語でご飯を〝マンマ〟という。

そして、少し言葉を覚えてくると、あどけない顔で物を指さして、必ずこう言う。

「ナーニ？」

新しく生まれた世界に興味津々《しんしん》だ。だから、目に入るものは、なんでも指差してたずねる。

そのまなざしは好奇心にかがやいている。それこそが、子どもの知識欲の始まりだ。

わたしの友人が若い頃フランスに行く時、仏語上達法を伝授されたという。

それは、なんでも目に入るものを指差して〝コモン・デットン？〟と言え、という。

「そりゃ、なんだい？」と聞き返すと「〝これ、なぁーに？〟という意味なんだって」

フーン。なるほど、純真無垢な子どもに戻れ、ということだな。

これは、意外や意外、あらゆる語学の上達法なのだ。

赤ちゃんが〝ナーニ?〟とリンゴを指差したとする。お母さんは、笑顔で「リンゴよ」と答える。すると、赤ちゃんは〝リンゴ?〟とくりかえす。「そうよ」とお母さんは答える。

次には、もう赤ちゃんは、別の物を指差して〝ナーニ?〟と聞いてくる。

そうして、一つひとつ身のまわりのモノの名前をくりかえす。

そのとき、目は輝き、顔は喜びに満ちている。まさに、〝知の喜び〟だ。

●考えるな。感じろ!

カンフー映画ヒーロー、ブルース・リー主演『燃えよ! ドラゴン』に印象的なシーンがある。

若い弟子がカンフー上達法をリーにたずねる。

すると彼はチッチ……と舌を鳴らし、人差し指をふりながらこう言うのだ。

「ドント、シンク。フィール!」(考えるな。感じろ!)

これもまた、カンフーや語学だけでなく、あらゆる学問の上達法なのだ。

何を感じるのか? 「喜び」を感じるのだ。それは〝遊び〟に通じる。

「学ぶ喜び」とは「知る喜び」なのだ。つまり、知ることが究極の〝遊び〟となる。

〝ナーニ?〟と言って、お母さんが答えてくれたときの赤ちゃんの瞳をみなさい。

「知る喜び」に満ちて輝いている。

世界一を誇るフィンランド教育……。その目的を文部大臣は、はっきり言った。

「……徹底的に遊ばせることです」

国民の「幸福度」が58位まで転落した日本で外国人に「日本の義務教育」の目的は？　と問いかけられたら、文部大臣はなんと答えるだろう？　わたしならこう答える。

「……徹底的に苦しませることです」

「偏差値」も「肉の等級」も同じランク付け

●「優秀」「並み」「劣等」……

1950年生まれのわたしに、偏差値はなじみがない。小中高校を通じて、そんなものはなかった。

「……学力偏差値の計算式を編み出したのは、当時、東京都内で中学校の教員だった桑田昭三さん（2016年、没）」だそうだ（「Yahoo! 知恵袋」）。

なんと、偏差値の生みの親は、日本人だった。それも、1957年に作成された、という。

「……大学入試や高校入試の模試業者が、一般的に（「偏差値」を）使用するようになったのは、1970年代に入ってからです。やはり当時は高精度コンピューターもないので、偏差値の算出であったり、志望校の合格判定をするのも一苦労だった」（同）

——コンピューターが必要なほど、ややこしいのか⁉

▼偏差値とは：「データの値を、平均50、標準偏差10のデータに分類した値。個々のデータに対して平均からどれだけ離れているか感覚的に表す方法」

これでも、わかりづらい。

▼学力偏差値：「学力試験において、特定の受験者が取った得点を、受験者全体の中で相対的にどの程度の位置にいるかを示す」

ナルホド……。つまりは、通信簿と同じランク付けだ。

一つの試験で、どのランクにいるかが一目瞭然となる。いうまでもなく偏差値が高いほど高得点（優秀）と判定される。

つまり「優秀」「並み」「劣等」などに振り分ける。

●牛豚品評会のような 共通テスト

有名大学合否の可能性について、「偏差値○○以上」などいう表記を目にする。

「……あの大学は偏差値○○以上じゃないとムリだよ」という会話も耳にしたことがある。

難関大学ほど、高偏差値となる。

全国の受験生を、牛肉の等級なみに〝品質〟区分する。そのためには共通指標が必要だ。

それが、大学入学共通テストだ。これも、わたしの高校時代には存在しなかった（それだけ、のどかだった！）。

これも、考えてみれば、牛豚の品評会みたいなものだ。

これで、大学受験生を一流大学から、二流、三流……と振るい分けるわけだ。

▼大学共通一次学力試験：１９７８年1月13・14日から１９８９年1月14・15日までの11年間、11回にわたり、全ての国公立大学および産業医科大学の入学志願者を対象として全国の各会場で一斉に実施された基礎学力試験……

この共通一次試験は、なぜ11年で終わったのか？

このとき、初めて国公立大学の受験でマークシート方式が採用されている。それが賛否両論の議論を呼んだ。

けっきょく、この方式は11年間で幕を閉じ、変わって大学入試センター試験が登場した。

▼大学入試センター試験：「１９９０年から２０２０年まで、独立行政法人・大学入試センターが実施。例年1月13日以降、最初の土曜日・日曜日の2日間にわたっておこなわれた。大学の共通入学試験である。かつての国公立大学共通第一次学力試験が、改称されて大学入試センター試験となった。しかし２０２０年度の試験をもって廃止され、これに代わって２０２１年より、大学入学共通テストが実施されている」

大学入試のための共通テストが三度もコロコロ変わっている。

猫の目行政というが、猫の目共通テストだ。

それだけ、問題や批判が多かった……ということだろう。

しかし、制度が変われど、受験生の〝品評会〟であることに、変わりはない。

記憶力100%、思考力0%……日本の惨状

●東大29位、京大55位、東北大130位

全国、大学の頂点が東京大学である。まさに、東大合格者は受験戦争の勝利者の称号を手にすることになる。しかし、東大をしても国際的な評価は低い。

英国の高等教育専門誌『Times Higher Education（THE）』は、2024年度版『大学世界ランキング』を発表している。それによれば、1位は8年連続でオックスフォード大学、2位スタンフォード大学、3位、マサチューセッツ工科大学（MIT）……と続く。

さて――、日本の東大はナント29位と目も当てられない。

それでも、前年から10ランクもアップしたという。39位から持ち直したというわけだ。

■日本の大学は国際社会でまったく評価されていない

【図版24】「THE 世界大学ランキング2024」トップ10

2024年順位	2023年順位	大学名	国/地域
1	1	オックスフォード大学	イギリス
2	=3	スタンフォード大学	アメリカ
3	5	マサチューセッツ工科大学	アメリカ
4	2	ハーバード大学	アメリカ
5	=3	ケンブリッジ大学	イギリス
6	7	プリンストン大学	アメリカ
7	6	カリフォルニア工科大学	アメリカ
8	10	インペリアル・カレッジ・ロンドン	イギリス
9	8	カリフォルニア大学バークレー校	アメリカ
10	9	イェール大学	アメリカ

=:同順位

出典:Times Higher Education World University Rankings

続く京大は55位タイ。東北大にいたっては130位……。この日本の大学御三家の惨状には、世の教育ママさんたちも真っ青、絶句だろう。

この大学世界ランクを決めるのは5分野❶「教育」、❷「研究環境」、❸「研究の質」、❹「産業界」、❺「国際性」。

さらに評価は17の指標に基づいて判定された。

トップ10大学は、米英が独占している【図版24】。

このあたりの評価は、いささか怪しげだ。〝闇勢力〟の影と匂いを感じる。

いずれにしても、この大学品評会では、日本の大学はほとんど相手にされていないことだけは、確かだ。

●「お城の壁はなぜ丸い？」

イギリス在住の友人が、息子をケンブリッジ大学系の小学校に入学させようとした。日本でいえば東大付属小学校のようなものだ。ところが、その〝試験〟内容を聞いて感心した。

入学試験は、口頭でマンツーマンで行われた、という。

子どもに出された問題は、「城壁が丸いお城は、なぜ丸いのでしょう？」

日本のペーパーテストとは、まるで異なる。マークシート方式なら、三択などから〝正解〟を探す。しかし、ケンブリッジはそうはいかない。自分で「お城の城壁がなぜ丸いか？」を考えなければならない。そして、正解はない。彼らが知りたいのは「子どもの思考能力」だ。

「丸いと城は最大面積が確保できる」「360度の攻撃に最大強度を保てる」……など、各々の着眼点を評価する。さらに、その理由を科学的、論理的に説明できるかを判定する。

日本なら、まず正解ありきで、子どもにそれを暗記することを強要する。

「これは試験に出るぞ」「覚えておけ」……が、教師の口癖となる。

そんな、受験戦士たちに「お城の壁はなぜ丸い？」と質問したら、ポカンとするだけだろう。

結論をいおう。

日本の偏差値狂育は、暗記力100％、思考力0％の国民を大量生産した。

わかりやすくいえば、〝暗記ロボット〟だ。だから、命令された仕事は100%こなす。

しかし、応用問題ができない。思考力ゼロだから、対応できない。融通がきかない。

その悲喜劇は、あらゆる分野ですでに発生している。

●暗記ロボットの壊れた「思考回路」

わたしは「波動医学」の専門書籍をこれまで7冊執筆してきた。

しかし、医学部教授たちは「オカルトですね……」と皮肉な冷笑で無視する。

暗記力100%で身につけた西洋医学に「波動」という概念は皆無だからだ。

しかし、思考力があれば「生理」と「波動」との関連に関心を抱いて当然だ。

しかし、〝かれら〟の暗記ソフトに「波動」というキーワードがない。

そのため「オカルト」のレッテルを貼り、脳の思考回路から排除してしまう。

わたしは一日一食など「断食」(ファスティング)の本も10冊ほど執筆してきた。

しかし、医学部教授たちは「餓死します!」。この一言ではねつける。

〝かれら〟は、自分たちが大学で習った〝医学〟なるものが、約150年も昔のウィルヒョウ医学であることすら知らない。

〝まちがいだらけ〟の医学を必死で暗記して育ったのが大学医学部のセンセイたちなのだ。

〝暗記ロボット〟の「思考回路」は、はじめから壊れているのだ。

「思考回路」の崩壊は、産業界にも溢れている。

電気自動車（EV）など、その典型だろう。これは「100年に一度」の産業革命だ。しかし、暗記ロボットだらけのニッポンは、この巨大潮流《メガトレンド》に大きく乗り遅れてしまった。日本は世界に冠たる自動車王国であった。しかし、トップのトヨタを筆頭に日本メーカーは、このメガ・トレンドに取り残されてしまった。

クルマの駆動部分をエンジンからモーターに換える。まさに、簡単至極な〝応用問題〟だ。こんな、かんたんなことすら、日本の自動車メーカーの技術者はできない。そして「EVはクルマじゃない」「EVシフトはまちがい」とわめき続けている。

トヨタの豊田章男会長にいたっては「臭くて、うるさくて、燃費の悪いクルマが大好き」と言い出すありさま。

まさに、殿ご乱心。いや、日本企業が、日本人全体が、〝ご乱心〟モードに陥っているのだ。

❶平等主義→❷共産主義→❸新世界秩序（NWO）の罠

●平等主義における〝クローン桃太郎〟の登場

教育界も〝乱心モード〟に陥っている。

じっさいにあったかどうか、わからないが、次のような笑い話を聞いた。

運動会で1、2、3位など決めるのは、子どもに優劣をつけるからやめましょう。

かけっこのゴールは、セーノでいっしょにゴールインしましょう。

あるいは、学芸会で桃太郎をやる時、主役一人に決めると差別になる。

そこで先生たちが出した苦肉の策は、桃太郎A、B、C……と、クローンみたいに何人もの桃太郎が登場する舞台劇に変更したという。ホントカイナと笑ってしまった。悲しき、悲しき平等主義に〝毒〟されると、やりかねないと思った。

平等主義と成長主義は、根本から異なる。

競争はすべて〝悪〟だ、といったら、それはもはや狂気だ。

●共産主義という名の妖怪

似たようなことがマルキシズムにも言える。

明治、大正、昭和を通じて、共産主義は世界に浸食していった。

――妖怪がヨーロッパを徘徊している。共産主義という名の妖怪である――

マルクス、エンゲルスの共著『共産党宣言』冒頭の言葉である。

提唱者自身が、共産主義を〝妖怪〟と呼んでいるのだ。その正体を、とっくにご存じだった。

妖怪の名に恥じず、一度、取り憑かれたら、そこから逃げ出すのは容易ではない。

それほど、この思想には人々を引きつける魔物的な魅力があった。

「搾取否定」「万民平等」「財産否定」そして「絶対平和」の「理想社会」建設……。

若者の正義感を痺《しび》れさせる魔性の力が、そこには秘められている。

原始共産社会――この言葉にも魔力がある。

かつて、コミューン運動が盛んだった一時期がある。

そのはしりは、トルストイが唱えた理想農村社会かもしれない。

それは、日本では白樺派の文学者たちが「新しき村」として引き継いでいる。

武者小路実篤《むしゃのこうじさねあつ》の「仲良きことは美しき哉《かな》」などと書いた色紙は、誰もが一度は見たことがあるだろう。白樺派の作家たちは、自然のなかで、みな平等で労働に勤《いそ》しむのが、もっとも人間の理想社会と考えた。

そこに、共産主義の平等思想が入ってきた。

その典型がヤマギシ会かもしれない。わたしは25歳のとき取材で訪れた。テーマは「日本の共同社会」。そこで、つぎのようなモットーを聞いて、思わず、ほほ笑んでしまった。

——歯ブラシと母ちゃん以外は、すべて共有——

なるほどなぁ。歯ブラシが共有じゃぁ、気持ち悪いし、不衛生だよなぁ。

母ちゃんをみんなで〝共有〟は、さらにかなりヤバイよなあ。

しかし、そこであったひとびとは、どこかサバサバして吹っ切れた感じで好感がもてた。

静かな笑顔は、俗世間のチリがおちて、どこか悟った気配なのだ。禅寺に似ているな……と、若いながらに思ったものだ。

●マルキシズムによる〝洗脳〟

隠れ里のようなコミューン（共同体）で、平等主義をつらぬく。それも、ひとつの生き方の選択だ。かつて、１９６０～70年代、ヒッピー・コミューンが世界的に盛んだった。

しかし、ドロップ・アウトの世捨てびと生活も、現実は厳しい。

人間には、我がある。禅の思想に、無所得がある。なにも持たない。

つまり、物欲からの解放だ。自己実現で、この境地に達する。それを、悟りという。

しかし、他人から強制されたら、それは隷属だ。

共産主義やナチスにおける私有財産没収が、それにあたる。

「……若いときは、一度はマルクスにかぶれるもんだ」

オールド・ゼネレーションの語り草も、笑い話のうちはいい。

しかし、〝洗脳〟が深まると悲劇、惨劇が発生する。

革命幻想は、20世紀最大の悪夢だったかもしれない。

2024年3月、衝撃ドキュメント映画を観た。『ゲバルトの杜《もり》』。

なんと母校、早稲田大学文学部で発生した川口大三郎君リンチ殺人事件を題材にしている。

当時、在学中だったわたしには、思い出したくも、観たくもない事件だった。

文学部自治会は革マル派が支配していた。そして、川口君は敵対する中核派のシンパとみなされ、自治会室に拉致《らち》される。「お前は中核派のスパイだろう！」。

バット、角材、鉄パイプで殴打が繰り返される。

かれらは、これをを革命的暴力（ゲバルト）と呼んでいた。

川口君の友人数人が、教室前の廊下に押しかける。

「川口を返してくれ！」「川口は中核なんかじゃない」

これに対して、ヘルメットの女子学生が出てきて絶叫する。

「我々は階級闘争を戦っている」「革命に命を懸けている」「邪魔をするな！」

その鬼面のごとき形相……。演技とはいえ慄然とする。

こうして、深夜まで続く殴打の嵐に、ついに川口君は絶命する。革マル派は、遺体を東大医学部付属病院前に遺棄した。この川口君リンチ殺人事件は、革マル派の暴力支配に対する一般学生たちの怒りの火に油を注いだ。連日、キャンパスは「革マル派反対」のデモに砂埃《すなぼこり》が立ち込めた。

わたしもデモに参加したが、やりきれない空しさはぬぐいきれなかった。

同じマルクス・レーニン主義を掲げていながら、どうしてリンチ、内ゲバをくり返すのか？

ただただ、不可解……。

俗に全共闘の内ゲバと呼ばれる襲撃、リンチで命を落とした学生たちは約100人にたっする。

最悪は、赤軍派の惨劇と終焉であろう。

その内部のリンチ殺人の凄惨さは、もはや筆舌に尽くしがたい。

同じ赤軍派の内部ですら、自己批判の強要、リンチ・殺人……。もはや、完全狂気の集団と化した〝かれら〟は、機動隊に追い詰められ、浅間山荘に立てこもり、機動隊による総攻撃により壊滅した。この青年たちを駆り立てたのが革命幻想である。

妙義山に立てこもっての仲間内のリンチで、虐殺される学生は、叫ぶのだ。

「……それでも、俺は革命に命を捧げる」

まさに、革命幻想の〝洗脳〟は、ここまで人を狂気に追い込むのだ。

〝かれら〟は、まさに正義を求める純粋な若者たちであった。

しかし、無学、無知であった悲劇が惨劇へと〝かれら〟を導いたのだ。

●平等主義でなく成長主義へ！

フィンランド教育は、通信簿も偏差値も共通試験も、すべて廃止した。

有名校、進学校も、すべてなくした。

これらは、すべて他人と比較する。

他者と優劣を比較する。牛肉、豚肉は他肉と比較する。しかし、人間は食肉ではない。

人間の優劣は、一面だけで判断できるものではない。

フィンランドのように通信簿や偏差値を廃止せよ、と言ったら必ず反論が返ってくる。

「そんなことしたら、子どもは怠けますよ」

つまり、他人と優劣をつけて叱咤激励するから、子どもは勉強を頑張るんだという。

「クッソー！　あいつに負けてたまるか」

この根性が大事なんだ、競争心がない奴は〝落ちこぼれ〟だよ……という。

――日教組の先生方は、逆の発想である。

「他人と優劣をつけてはいけない」を、「全員平等でなければいけない」と誤解している。

これは、〝かれら〟の多くの方々の頭脳を支配しているマルクス・レーニン主義によるものだろう。それは、究極のファシズム（全体主義）でしかない。

かれらにとっては、フィンランド教育のほうが狂気の沙汰に映るのではないだろうか。

ましてや、その成功は信じられないはずだ。

しかし、先述のようにフィンランド教育は、世界一と称賛されている。

フィンランド教育の取材で、マイケル・ムーア監督が「子どもたちの勉強へのやる気をどう出させるんですか？」と問うと、文部大臣も校長も「徹底的に遊ばせる」と明言していた。

これが、第一の回答だった。そこには続きがあった。

「子どもたちにとって、最大のライバルは、過去の自分なんです。他人ではありません」

ライバルは自分自身――日本の教育関係者には、目からウロコではないか……。

つまり、乗り越えるべきは過去の自分なのだ。

昨日できなかったのに、今日は出来た！　その達成感は、なにものにも代えがたい。

ヤッターッ！　これぞ、自己実現の極致だ。だから、明日はもっとやってやろう。

あのボクシング界の至宝、井上尚弥は言っている。

「成長している僕を見てほしい」「強くなる自分を応援してほしい」

これは、教育や勉強にもいえる。成長の喜び、達成の充実……。

これとライバルを負かした〝喜び〟と比較してみよう。なんと歪んだ〝達成感〟だろう。

だから、他人と比較する通信簿も偏差値も共通テストも、要らない。

自分の成長主義こそ、教育の醍醐味だ。

●楽しく生きるか？　苦しく生きるか？

共産主義という名の妖怪は、恐ろしい。

そのイデオロギー、マルキシズム最大の欠陥は「頭脳労働を否定した」ことにある。

だから「知識人はブルジョアの手先」のレッテルを張られ、弾圧、抹殺された。

頭脳労働を蔑視して、社会、経済、文明が成り立つはずがない。

だから――。１９９０年代、ソ連を始めとする共産圏は、内部から崩壊したのだ。

これと対象的なのがフィンランドだ。


――共産圏の教育は〝平等〟主義。フィンランドの教育は〝成長〟主義――


両者は、見事に明暗を分けた。

フィンランドの7年連続、「幸福度」世界一は見事である。

以下、フィンランド国民が「幸福な理由」をあげる。

(1) コーヒー休憩が法律で定められている

――職場で、「ひと休み」が法制化されているとは！

(2) 逆に休まないと、法律違反となる

――だから、国全体にゆったりとした時間が流れる。

(3) 大人でも夏休みがナント4週間もある

――これも、法律で義務化されている。

(4) 仕事は16時までに終業する

――働きすぎより、くつろぎ、趣味を大切に。

(5) 残業は基本的にあってはならない

――日本のサービス残業などは論外！

(6) 有給休暇の取得率ほぼ100%である

――日本は〝不取得率〟100%⁉

(7) 男性の育児休暇取得率は約80%である

――日本男性は、0%じゃないのか？

(8) 偏差値や学歴で人間を判断しない社会

――日本社会は完全な「学歴」差別社会だ。

（9）社会での上下関係をまったく気にしない

――日本は未だピラミッド型の〝身分社会〟だ。

（10）小学校から大学まで教育費は無料

――日本は学資ローン地獄が待っている。

（11）「歓送迎会」はコーヒーでやりましょう！

――無駄なお金はかけないシンプルライフ。

……いやはや、まいりました。「幸福度」51位の日本と比較してほしい。

すべてが真逆である。

ひとことで言えば、フィンランドのひとびとは、ゆったり人生を楽しんでいる。

その生き方を、政府も法律も社会も、支えている。

だから、安心して人生を謳歌できる。

「安心」こそ「幸福」の土壌である。

楽しく生きるか？　苦しく生きるか？

日本も、この国を少しは見習ったらどうだろう。

一人ひとりが、みずからの人生をとりもどす。

――今こそ、そのときだと思う。

第９章

フリースクールは、子どもに〝生き抜く〟力を与える場所

フリースクールにチャレンジ！　元気家族物語

●これからは総合職ではなく専門的知識

中園公浩《きみひろ》さん、ゆみ子さん夫妻――。

わが名栗山荘にも泊まりに来ていただくお付き合いのお二人。

福岡で協同購入に取り組んでいる。会社名〝きままクラブ〟。

お子さんたちは元気いっぱい。野性味あふれる二女二男だ。二人の男の子は、素っ裸で名栗川で水飛沫《しぶき》と歓声をあげ、おおはしゃぎ。お姉ちゃんもやんちゃ、利発で、霊感がある。

全員に、ちょっとふつうの家族とはちがう霊的エネルギーを感じるのだ。

ちなみに、公浩さんは14歳のとき、自宅のベッドで寝ていて、ＵＦＯにアブダクトされたという。そんな希有な経験の持ち主だ。ＵＦＯの窓から青い地球が見えたというから凄い！

はじけるように元気な子どもたちは、とても普通の学校の枠に、おさまりきれない。

夫妻は、そんな子どもたちを育てるフリースクールをつくることを計画している。

長女は、一時期、熊本のフリースクール〝ウィング〟に通わせていた。これは、全国一のカレーチェーン店「カレーハウス CoCo 壱番屋」を経営されていた方が出資して運営している。

公浩さんの愛称は〝キミ〟。フリースクールについて、語ってもらった。（――：筆者）

――大きな古民家を借りて、フリースクールにするんだって？　張り切ってましたね。

キミ：まず人が集まるかどうかですね。でもフリースクールって人を集めると、弊害が出る。

――全国、すでに５００か所くらいあるけど、どこも10～15人くらいと小人数なのに驚いた。

キミ：そうなると先生を雇わなくちゃならない。だから、けっこうきびしいみたいです。

――だけど、お宅のお子さんたちにはフリースクールが一番あってるよね。やんちゃで。

キミ：そうですね。これからの時代は、もう総合職ではない。専門的な知識で、自分の生き方を説明できる子じゃないと、日本人として生きていくのは難しい。今後は、日本人じゃない人たちも増える。そんなとき、どうしても意見の食い違いとか、文化のちがいが起こりますね。

――なるほど、そのとおりだ。

キミ：だから、国としては、フリースクールを市で運営させようとしています。

――公立にしようとしている？

キミ：不登校率が、田舎でも約８％。小中高校合わせたら、１００人中８人。でもコロナになって不登校の子も、自宅で、ネットを使って授業を受けるのはＯＫになった。

――どんどん、変わっている。

キミ：ゆるくなった。これまで、高校は公立と私立だけでした。ところが第三勢力として〝ネット高校〟なども出てきた。それを採る子も10〜15%くらいいます。

——そこまで来ているんだ！

●コロナで風向きが大きく変わった

キミ：来てます。ネットを使い、AIを使って、授業をやっていく。そんなスクールもあれば、自然と向き合って、昔ながらのように農業したり、建築したり。ちょっと宗教っぽくなるような学校になるのか？ いろんなパターンがあるんです。ぼくの娘が6年前くらいに、フリースクールに通ったときには、「スクールを作っていこう！」という運動もあったけど、コロナ期間中に風向きがガラッと変わりましたね。

ネット、AIで授業！〝恩師〟はチャットGPT

——ようするに、オンラインが出てきた。

キミ：そうそう。オンライン。

——新しいビジネスになるよね。

キミ：北海道の網走に大空高校という、ぼくの友達がやっている学校があります。

ＩＣＴ、ようするにネットやＡＩを使って学校運営をする。そうして、自分たちが今後どう生きるか？という授業を、株式会社と高校が一緒にとり組んでやっている。たぶん私立だと思う。

――すごいね。新しいビジネスモデルが、どんどん出てきた。

キミ：そうです。塾もテストするとき、何をまちがったのかＡＩで考えさせて、どうしたら解けるかをＡＩが教える。

――エッ、塾の講師にＡＩがなるのか？

キミ：そういうことです。

――なんか、いやだなぁ（笑）。

キミ：だから、学校の教師でもパソコンを使える人がえらくなる。

●けっきょくは、監視・管理教育がひどくなるだけ？

――登校しなくて家でもいいよ……といいながら、ＡＩで監視して、管理していく。結局は管理教育だよな。

キミ：そうそう。管理教育をＡＩで機械化させる。高校入学も、今は面接、作文、内申書で8割は決まるという感じです。だから、学校に通るための教育なのか？

一方で教師は50年くらい変わってないので、どうなるかわからないです。

――しかし、方向が逆じゃないの？　だって〝恩師〟がAI……って、気持ち悪い。

キミ：でも、それが、今、あたりまえの世界ですね。

――ただ、まちがいをAIが正す。気色悪いな。ようするに真逆の方向に動き始めている。

キミ：そうです。管理社会で、監視されたほうがラクだ……と。

――子どもたちにとって、本当の「解放」にならないよね。

キミ：それをしないと〝はみ出し者〟になる。

――そして、チャットGPTが〝恩師〟になる。

キミ：そういうことです（笑）。本当は、自分で考え、自分で感じて、自分で本を読みながら学習する。人と話すとか、お前どう思う？　とか、ディベート（討論）とかもなく、「チャットGPTが、こう言ってるよ」と……。

――うわっ。それは、ちょっとね……原始的でもいいから、先生と生徒が直接向き合って会話したり、それが教育の原点じゃないの？

キミ：そうです。けど、先生たちも、どうやっていいのか、わかんないじゃないですか。

――先生たちは、くたびれているからね。

キミ：そう。学生運動も今はやってないし、日教組も少なくなった。
けっきょく、〝思想〟というのが、今の教員たちには、まったくない。

――そうか。思想がなければ、人間性は育たない。それじゃあ。チャットGPTに負けるわな。

キミ：負けますね……。

――なら、あなたがたも、フリースクール計画は、今は様子見というところだね。

キミ：だから、学校や地域社会というより、まずは家庭での教育が大事じゃないかと思います。フリースクールに行くことによって、スクールの先生とか環境に対しての〝依存〟になっちゃうんですね。

――学校依存ということでは、かわらないね。「あずけたから安心だ」と。たしかにこれも、ある意味、人まかせだ。

フリースクールはただの〝ガス抜き〟か？

●自宅でも管理できることに、国が気づいた

キミ：両親が忙しすぎて子どもと接する時間がないので、どう子どもと接していくか？　国が子どもを育てます……というくらいになっちゃったからね。

――おそろしいね。「国家権力にとってのいい子に育てますよ」ということだ。

キミ：そうです。だから、今年10月（２０２４年）から「児童手当」が増額になる。その代わ

り、サラリーマン家庭は減額になる。ようするに貧乏人は儲かって、働く人は損する。

——「児童手当」とは、国家が支給するの？

キミ：国家が出す。その割合とかは消費税からと言ってる。

——「少子化をふせぐ」とか、また言い逃れするんだろうね。

キミ：言い逃れしながら、サラリーマン増税なんです。

——サラリーマンが、またヒーヒー言うわけだ。

キミ：働く人が貧乏になり、働かない人が丈夫になる。

——今のアメリカみたいだ。いわゆる〝左〟に傾きすぎちゃってる。

キミ：そうです。本当に貧困層が増える……。

——しかし、コロナでフリースクールは、変な方向に動き始めたね。

キミ：フリースクール自体は、コロナ前からあったんです。

それが、コロナでリモート学習やリモート勤務ができるようになった。

——だから「自宅でも管理できるじゃん」と国も気がついた。

キミ：「フリースクールも管理できる」ことに気づいた。

——それに、ＩＴ器機も売れる！

キミ：そうそう。ＩＴはどこの会社か？　といえば、おおもとはアメリカです。だから、〝Zoom〟にしても、〝チャットＧＰＴ〟にしても、すべてアメリカが儲かる仕組みになった。

――ナルホド、大事な指摘だ。さすが、キミさん。

キミ：そうなると、日本の対外赤字あるでしょ。貿易収支は、ほとんどネットで持っていかれている。グーグル、アマゾン、フェイスブック……〝GAFA〟など。アメリカの利益と支配は強まる。

――けっきょく、いいとこは、全部持っていかれちゃう。

キミ：そう。それを、日本人はまったく知らないだけ。

――フリースクールって、なんか新しい希望がありそうだけど、全部、向こうが〝アミ〟広げて待っている。

キミ：フリースクール自体も、ぼくらは〝ガス抜き〟だと思う。小中学校にはあるけど、高校にフリースクールは、ほとんどない。

なぜか？　小中までは、義務教育だからフリースクールがある。高校だと民間で免許があるところじゃないとだめ。それ以外では（高卒資格はもらえず）中卒のまま。

――憲法で保障しているのは義務教育だけだからね。高校はあまりケアはないね。

キミ：ないです。ほんらいのフリースクールはない。

――中途退学は、中卒の資格になっちゃう。フリースクールをとりまく環境は流動的だね。

キミ：毎年毎年、仕組みも変わりますね。

●奇想天外こそチャレンジ

——そこにIT業界が、目をつけたわけだ。

キミ：ITも、アメリカが前々から狙っていた。だからもう一度、当たります。マイクロソフトが復活したようにね。

——読みが深いな。

キミ：だから、いまや農業にしてもICTを使う。

——そして、いいとこは全部もっていかれちゃう。

キミ：今回、ぼくらがやろうとしていることがあります。埼玉県日高市のヤナギダファームに行く。ここには〝ウンコ〟を〝水〟に変えて飲めるようにする、究極の〝し尿処理技術〟、いわゆる複合発酵を発明した方がいらっしゃる。79歳のおじいちゃん。その方は、ある博士といっしょにやってたんだけど、博士がソフトバンクに特許を売っちゃった。だから怒ってる。

ぼくらは、支援と学習のため、日高に行くんです。

——奇想天外！　これこそチャレンジ。希望と未来の学問だなぁ。そんな、未知の分野に子どもたちも挑戦してほしい。これが、本当のフリースクール革命だ!!

でも、チャットGPTの〝恩師〟だけは、ごめんこうむりたいね（笑）。

フリースクールが、管理と監視の教育となる。そうしたら、まさに元の木阿弥だ。

子どもたちに、真に生き抜く力を与える。

それは、まさに脱管理、脱監視なのだ。AIが管理する⁉

さらに、おぞましい。それは、まさに似非《えせ》フリースクールだ。だまされてはいけない。

この流れは、断固拒否しなければならない。

天才に共通する〝遊び〟と〝読書〟

●知識欲は生命力

世界でもっとも成功したといわれるフィンランド教育――。

その秘密は、子どもたちを徹底的に遊ばせる。子どもは遊びから学ぶ。

徹底した〝遊び〟は、管理や監視から無縁だ。

真の〝遊び〟は、子どもたちの真の自発性から生じるからだ。

野球の大谷翔平も、ボクシングの井上尚弥も、将棋七冠の藤井聡太も……6歳の物心ついたときに熱中するものに出会った。それは、徹底した〝遊び〟の世界だった。

楽しいから、面白いから、やるのだ。上から命令されてやるのは、〝遊び〟ではない。

まさに――〝遊び〟をせんとや、生まれけむ。

あのイーロン・マスクですら、父親の家庭内暴力から逃れて物置に引き込もった。

そして、そこにあった百科事典に熱中し、2セット読破した。つまり、百科事典に記載されている森羅万象の知識にはまったのだ。関係者の証言によれば、それらをすべて記憶した、という。

イーロン少年が行方不明のときは、必ず図書館や書店にいた。

その桁外れの博覧強記が、テスラのEV開発やスペースXの宇宙開発の根源となっている。

●天才に共通するのは〝遊び〟と〝読書〟だ

〝読書〟は好奇心の表れだ。それは言いかえると知識欲だ。

赤ん坊は、〝ナーニ？〟と〝ナゼ？〟を発して成長する。身のまわりを理解する。

そのためには情報が必要だ。子どもは、本能的にその手がかりを求めているのだ。

つまり、知識欲イコール生命力なのだ。生きる意欲は、知る意欲だ。

だから生命力の強いひとほど知識欲つまり好奇心も強い。

大谷翔平が、中村天風の著作をほとんど読破している……とは有名な話だ。

中村天風といえば、ヨガを通じて、ひとつの体系的哲学に到達した思想家だ。

「……日本の自己啓発講演家、思想家、ヨガ行者。実業家、大日本帝国陸軍諜報員、玄洋社社員。孫文の友人であり、中華民国最高顧問の称号も持った。天風会を創始し、心身統一法を広めた」（「ウィキペディア」）

大谷翔平の若さに似合わぬ達観した無欲さ、高潔な性格に世界は驚嘆している。

それが、寸暇を惜しむ読書で培われたものであることは、いうまでもない。

井上尚弥のメディアなどに対する受け答えも知性の高さを感じさせる。

対戦相手の印象を尋ねられても相手を見下すことはいっさいしない。

まず、相手の長所を挙げてリスペクトの姿勢を示す。

まさに、ジェントルマンである。そのケタ外れの戦績や実力にも、奢った素振りは皆無である。

その品性は父親の真吾トレーナーの日々の薫陶によるものだろう。

加えて、たえまない読書で磨かれたものであることは、まちがいない。

藤井聡太も、つねに謙虚た。まだ10代のとき優勝の感想をメディアに聞かれて「僥倖《ぎょうこう》です」と回答。周囲をおどろかせた。

これは10代の少年が発する言葉とは到底思えない。その語彙《ごい》力には感服である。

やはり、日々の読書習慣から自然に身についたものと思える。

●一食抜いても本を読め！

20代の天才アスリートといえば、田中希実《のぞみ》選手がいる。

走るたびに日本記録、アジア記録を塗り替える。まさに不世出のランナー。ラストスパートをかけると2位以下を100メートル、200メートル後方に置き去ってしまう。

彼女は、1位でゴールインしても、けっしてガッツーズをしない。それは「私も負けた経験はある。そんな方のことを思えばできない」。なんという思いやり、心配り……。

そして、「ありがとうございました」と深々と四方に感謝の礼。そして、会場を後にする。なんという清々《すがすが》しさ。彼女が熱心な読書家であることは、あまり知られていない。

暇さえあれば本を読んでいる。将来の夢を聞かれて、こう答えている。

「……走る作家になりたい」

まさに、文武両道――抜きんでた天才は……精神と身体……心身ともに秀でている。

――このように、若くして抜きんでた才能を開花させた天才に共通するのが読書なのだ。

それは、一朝一夕に身につくものではない。わたしも小学1年の時から毎月、講談社から届く『世界文学全集』が楽しみだった。それと、教員であった母親がとっていた雑誌『暮しの手帖』を隅から隅まで読んでいた。まさに、門前の小僧習わぬ経を読む。

幼い頃の読書体験がいかに大切か、ということである。

ひとつ、残念な情報がある。いまどきの大学生は1年に一冊本を買うのは二人に一人という。言いかえると、二人に一人は、年に一冊の本も買わない。

「……スマホで検索すれば、間に合うじゃん」

しかし、検索と読書はちがう。

読書はいやでも、著書と対峙する。一冊の本には著者の体験、意見、思想……などが、込められている。読書とは著者との対決だ。思想で共感したり反感したり、まさに、一本勝負。そうして、感性と理性は磨かれていく。

スマホの検索は、いくらやってもデータ収集でしかない。

体系的な知性を築くには、様々な紙の本を手に取り、知の対決をくりかえす。

そうして、知力は鍛えられる。

わたしは船瀬塾の塾生諸君に、常にこう言っている
「……一食抜いても本を読め。二食抜いても本を読め……」

体重は絞られ軽くなる。逆に頭脳は満たされ豊かになる。

●デジタルの冷たさからアナログの温かさへ

アップル創設者スティーブ・ジョブズは「iPad」を開発した。

そのとき、自分の子どもたちには使わせなかった、という有名なエピソードがある。

その代わり、数百冊の本を買い与えた。

そして「全部、読破したら〝iPad〟を使っていい」と厳命したという。

ここで、ポイントは子どもたちに与えたのが〝紙の本〟であった、ということだ。

電子書籍でない。ここがミソだ。ある心理学実験で感心した。同じ内容でも、電子書籍と紙の本を比べると、紙の本のほうが記銘力で3倍ほど開きがあった。

電子書籍と紙の本では、手触りやページをめくる感触が全然ちがう。

そのアナログ的な存在感こそ、記銘力の差となるのだろう。

これは、CDとLPにもいえる。昨今、LPプレーヤーの売り上げが、CDプレーヤーを追い抜いた、という。同じことはカセットデッキにもいえる。

70年代、80年代の音楽カセットが1万円以上で取引されている、という。

若者にフィルム式カメラが人気だと聞いて、驚いた。

ひとびとは、非人間的デジタルから、人間的アナログへと回帰を始めている。

それは〝冷たさ〟から〝温かさ〟への回帰ともいえるだろう。

〝温もり〟こそ〝癒やし〟の原点である。
自由なフリースクールへの回帰も、その一端なのかもしれない。

エピローグ

一番目、そして、二、三番目のＤＮＡにスイッチを！

ピカソやファーブルが日本で生まれてたら……

●7が〝鼻〟に見えたピカソ

20世紀最大の画家といわれるピカソ――。彼は子どものとき算数が苦手だった。

なぜなら、数字〝7〟が、逆さになった〝人の鼻〟に見えた、という。

幼いピカソには……7＋7……は、人間の鼻が二つ並んでいるようにしか見えなかった。

それが、どうして〝14〟という数字になるのか？　理解できなかった。

天才とは、そういうものである。

おそらくピカソ少年を担当した教師は、その神がかり的な画才に驚嘆し、算数の不出来は黙認したはずだ。数字の足し算より、ぞんぶんに絵をお描きなさい。

さて――。

幼いピカソが日本の小学校に通っているシーンを想像してみよう。

ピカソ少年が小学1年生としよう。教師はたずねる。

「……7足す7は、いくつかな?」

「……お鼻が2個だよ!」。

「……ちがうでしょ。14でしょ!」

先生は、少し、いらついて言う。

「……ちがうもん。ひっくり返ったお鼻が2個じゃん」

教師の眉間にシワがよってくる。

●「発達障害かもしれない」

この子はちょっとおかしい。発達障害かもしれない。なんとか、治さなくては……。

頭の中で文科省の「教育指導要項」がグルグル回り始めた。

――〝落ちこぼれ〟をつくってはならない――。

「……ピカソ君、もうちょっと先生と算数のお勉強しようね」

やさしい笑顔で語りかける。こうして、この子は居残り授業をさせられるはめに。

彼は、絶望して涙を流すかもしれない。

「……だって、お鼻とお鼻を足したら、2個のお鼻だよぉ!」

苦しみと絶望とパニックが、幼い天才をズタズタにしていく……。

その後の彼の人生は、もはやいうまでもない。ふぬけのようになった一人の少年が無気力に、ただ学校に通い、椅子に座っているだけ。こうして、かけがえのない不世出の天才の芽は、教師たちの〝善意〟によって、無残にむしり取られるのだ。

「この子は〝自閉症〟だな」

1章でも取り上げたファーブルもそうだ。

『ファーブル昆虫記』として知られる「昆虫観察記録」全10巻は、自然科学書の古典として高く評価されている。

「……さまざまな昆虫の生態と、彼自身の思い出とが、詩情あふれる文章で克明に記されています」（奥本大三郎氏、『100分de名著、げすとこらむ。』）

ファーブルが目指したのは「文学と科学の調和」だった。

だから、『ファーブル昆虫記』は文学作品としても高く評価され、世界中の言語に翻訳され今日にいたる。

伝説によれば、ファーブルは3、4歳の頃から、草むらで腹ばいになって一心に一点を見つめ続けた。そこには蟻の巣穴があり、蟻たちが気忙しく出入りしていた。

幼いファーブルは、その光景に魅了され、一日中、腹ばいになって観察し続けたのだ。

さて――。

幼いファーブルが日本の保育園に通っていた、としよう。

園の先生たちは、ファーブル君にたいして、どういう態度を取っただろう。

「ファーブルちゃん。だめじゃないの！　お洋服が汚れるでしょ！」

「……見て、見て！　アリさんがいるよ」

「ダメダメ、お遊戯の時間でしょ。はやくこっちにいらっしゃい」

「……やだ。アリさん見てるんだ」

先生は舌打ちして、その手を引っ張る。

ファーブル君はそれをふりほどき、また原っぱに走り、蟻の穴に見入る。

「あの子はおかしいですよ」と先生は園長に耳打ち。

「そうだなあ。あれは自閉症だ」

これから、先を想像すると胸苦しくなる。

先生に指摘された親は、泣き叫ぶファーブルを無理やり精神科医のもとに連れていく。

医者は眉にシワを寄せて「典型的な自閉症ですね。いいクスリがあるので処方しておきましょう」。

こうして、その後は、強い向精神薬で、もうろうとして、おとなしく椅子に座っているだけの子が、そこにいるのであった。

こうして、日本では、また一人の天才が幼くして〝殺される〟のである。

天才、渥美清はこうして生まれた

●テキヤと落語と小屋芝居

「物心がつく」という。それは、4歳、5歳ごろに芽生える。

この世に生を受けて、赤ちゃんは驚きながらも、周囲を熱心に見まわす。

そうして、目にとまり、手でさわり、耳できいたことに、引きつけられ、強く反応する。

つまり、赤ちゃんの五感への刺激が、その子を強く魅了するのだ。

そして、好奇心が芽生え、さらに五感を集中させる。

それが「物心がつく」ということだ。

赤ちゃんをとりまく刺激は一様ではない。

その環境によって、まったく多彩だ。俗に「三つ子の魂、百まで」という。

ヒトの性格は「3歳で形成される」という意味だ。

同様に「物心」は、4、5歳で芽生え、6歳ごろには、はっきり芽を吹き始める。

ピカソ、ファーブルの例でもわかるだろう。

その芽吹きは、一方は「絵画」で開花し、他方は「昆虫記」で結実した。

「物心」スイッチが、もう一人の天才を生み出した例を紹介しよう。

渥美清さんといえば、だれもが知る国民的大スターだ。

『男はつらいよ』シリーズは、全49作。ギネス世界記録にも認定されている。

「人呼んでフーテンの寅と発します！」。

この決め台詞の原点は、下町の祭りで物品を売りさばくテキヤの〝啖呵売《たんかばい》〟から来ている。

「……けっこう毛だらけ、猫灰だらけ……さあ、買った、買った！　持ってけドロボー！」

取り巻く聴衆から爆笑が湧く。その大人たちに交じって目を輝かせて聞いている幼子。のちの渥美清だ。祭りの小屋掛け芝居では、舞台にアゴを乗せて役者の鼻毛が見えるほど見上げて芝居に熱中した。

その台詞まわし。掛け合い。所作。すべてが少年の柔らかい頭脳に吸収されていく。

「丈夫で長もち」が、のちの渥美さんの謳《うた》い文句だったが、意外や少年期は病弱だった。

「――学校は欠席がちで、3年次と4年次は長期病欠であった。欠席中は、日がな一日、ラジオに耳を傾けて徳川夢声や落語を聞いて過ごし、覚えた落語を学校で披露すると大変な評判だった」（『ウィキペディア』）

こうして、彼の芸人としての道筋は決まっていった。

物心ついたときに、惹きつけられたものが、そのひとの〝天才スイッチ〟となるのだ。
そうして、この子のそれからの人生が決定づけられる。

わが人生を決めたビスケットの合成着色料

●「企業は、油断がならない」

「……どうしてこの道に入られたのですか？」

よく聞かれる。どうしてかなあ。今の肩書きは「著述業」である。

振り返ってみれば300冊近い本を書いてきた。しかし、幼い頃、物書きになろう……と思ったことは一度もない。それより工作などが大好きな理科少年だった。

だから、建築家にでもなるか……と漠然と思っていた。

それが運命のいたずらで、作家としての人生を歩むことになり、今日にいたる。

しかし、ふりかえってみると、きっかけとなった体験もあった。

わたしは福岡県の片田舎で生まれた。両親共に教師であった。母は当時『暮しの手帖』を取っていた。たしか小学1年か2年頃、『暮しの手帖』に次のような特集が載った。

見出しは、今もはっきり覚えている。

「どうして／ビスケットにまで／色を？」

誌面に釘付けになる。母親が買ってきてくれるビスケット。丸い缶にきれいな詰め合わせ。中心には茶色チョコビスケット！　上には赤いチェリー？　それを狙って妹をひっぱたいて手を伸ばす。妹は泣きべそをかく。

誌面には、そこまでしてゲットしたチョコビスケットのカラー写真。

ページ全体が「商品テスト」の結果だ。赤色、緑色、紫色、黄色……などの〝絵の具〟のような痕。つまり、これら色素を混ぜることでビスケットを〝茶色〟に見せかけていたのだ！

「……茶色は、チョコレートの色じゃなかった！」

幼いわたしは、あぜんとした。怒りがムラムラ込み上げてきた。

だまされた。チョコなんか入ってない。チクショー。そのとき、初めて、ビスケットは〝赤色五号〟とか〝青色一号〟……などで色着けされていることを知った。

これらが〝タール系色素〟と呼ばれることも学んだ。

「企業というのは、とんでもないウソをやらかすやつらだ」

……企業は油断がならない……。それを小学校低学年で学習したのだ。

もしかしたら、それが、わたしの生き方の原点になっているのかもしれない。

さらに、母が講談社『世界文学全集』を定期購入してくれていた。毎月、新刊が届くのが楽しみで、届くとすぐに読破した。小1のときビクトル・ユーゴーの『ああ無情』(原題〝レ・ミゼラブル〟)を読んで、主人公ジャン・バルジャンの悲運に涙が止まらなかった。

読破した全50巻の世界文学も、もしかしたら今の文筆に影響を与えているのかもしれない。

●花森イズムが原点となる

さらに、早熟だったわたしは家で読むものがないので、畳でゴロゴロ寝っ転がって手元の『暮しの手帖』をむさぼり読んだ。そうして、知らず知らずのうちに編集長、花森安治《やすじ》氏の感化を受けていったようだ。彼の思想は明快だった。

「……なによりも大切なのは、日々の暮らしだ」

シンプルだが深い。いわゆる〝花森イズム〟。それは、わたしの後の生き方に大きな影響を与えた。さらに、花森さんは「戦後、随一の名文家」と称えられた方だ。

小1から花森さんの文章を暗記するほど読み込んでいたわたしは、まさに——門前の小僧、習わぬ経を読む。わたしは、はっきり自覚する。わが文章の師匠は、まさに花森安治である。

後に消費者運動に身を投じたのも、ベストセラー『買ってはいけない』を執筆したのも、バックボーンに花森イズムがあった。ちなみに大学1年のとき、アメリカ市民運動家、ラルフ・ネーダー・グループの一員であった青年と親しくなった。ハーバード大学という名門ながら気さくでフレンドリー(彼とは今も付き合っている)。かれらとともに花森さんを取材する機会を得た。

一生を決定付けた憧れの人に会える……興奮と緊張はピークにたっした。

そのインタビュー記録は『「暮しの手帖」をつくった男』（イースト・プレス）に活かすことができた。

このように、わが人生を決定付けたのは幼い頃から耽読した『暮しの手帖』だったのだ。

第二の人生を……映画、絵画、小説で生きる

●4歳の『しいのみ学園』

もうひとつ。わたしの物心の原点がある。

それは、映画である。わたしの住む村には、むろん映画館などなかった。

そこで、映画を観るときは、片道、約4キロの峠とトンネルを超えて隣町まで観に行くのである。4歳のわたしは父母に手を引かれ、この峠を超えて映画館に行った。

「九州館」という名の洋館であった。

そこで、最初に観た映画が『しいのみ学園』である。後に松竹の名匠、清水宏監督の作品であることを知った。これは事実に基づいた物語で、当時流行した小児マヒを題材にしていた。

冒頭、タイトルバックに子どもたちの合唱が流れる。

「……ぼくらは、しいの実、まぁあるい、しいの実……」

その歌声は、4歳の頭にはっきりと刻まれた。いまでも、すべて暗唱できる。

そして、映像とストーリーも、ありありと思い出せる。

これには、後日談がある。早稲田大学文学部に進学した20歳のとき。京橋フィルムセンターで『しいの実学園』が上映されることを知り、駆け付けた。最前列に陣取る。はたして、20年ぶり。4歳のときの記憶と同じだろうか？　場内が暗くなる。とつぜん、あの「しいの実学園」のテーマが子どもたちの歌声で流れ始めた。4歳のときとまったく同じ。突然、涙が滝のように流れた。それは、映画の間中、とどまることがなかった。

あれほどの涙が流れたのは、わが人生で初めてだ。映画が終わり場内が明るくなった。膝がじっとり涙でぬれている。感動と気恥ずかしさで席を立てなかった。

すると、なんと左に離れて座っていた年配男性が、顔を覆って号泣している。

……わたしと同じ体験者が、いたのだ。

●『ゴジラ』と『大地のうた』

4歳で、もう一本、衝撃映画を見た。それが『ゴジラ』だ。

画面の前方を避難民たちが逃げてくる。すると、山の向こうから「ガオーッ！」とゴジラが現れ、首を振り咆哮《ほうこう》する。幼いわたしは、度肝を抜かれ驚愕仰天した。恐怖に震えた。

特殊撮影など知るよしもない。

「……東京には、あんなのがいるんだ。ぜったい、行くのをやめよう」

幼心に、ちかった。

このように、4歳という物心がつく頃の映像体験は、わたしの魂を揺さぶった。

さらに、在学中の早稲田祭で上映されたインド映画『大地のうた』は、わたしの若い魂を震わせた。その田園風景は、九州の田舎と同じではないか。

そのとき、監督サタジット・ライを知った。

大学哲学科講師であった彼は、一生に一本の覚悟で、自らの幼少期の体験をもとに、この清冽《せいれつ》な歴史的傑作を創り上げたのだ。

世界は、この澄み切った青年監督の作品に胸を打たれた。

それは、インド映画として希有なヒットとなり、続編『大河のうた』、『大樹のうた』として完結している。彼の処女作、『大地のうた』は、わたしにとって生涯永遠のベストワンである。

●夢を託したシナリオ執筆

それでは、ベスト2は、何か？　それは黒澤明監督『七人の侍』だ。

19の時、14インチのテレビで観て驚愕、感動。この黒沢ヒューマニズムは、後のわたしの人生にスイッチを入れてくれた。その後、観た黒澤作品全29本。これらは、すべて、わたしにとって映画テキストである。

そして、ベスト3は小津安二郎の『東京物語』だ。

その格調高いリリシズム（叙情）は、まさに日本の、いや世界の至宝である。

黒澤ダイナミズム、小津リリシズム……。躍動と叙情。この二つの作風こそ、映画芸術の二大基調といってよい。

こうして、わたしの物心は――社会正義と映画鑑賞――という二本の潮流に向かったのだ。

これらは、ときに一種のアンビバレント（二律背反）として働いた。

早稲田大学文学部には演劇科で入学したものの、3年から専科に進む時、熟慮して社会学に転科した。映画創作より、社会正義を優先したのだ。

そして、市民運動を経て……執筆家、講演家として精魂を傾け、今日にいたる。

それでも、映画への情熱はあきらめきれず、こつこつと映画シナリオを書き続けてきた。これまでに人知れず書いたシナリオ作品は7本にたっする。これらの創作は、わが人生において宝である。今もこれらの映画化が、第二の人生の夢であり希望である。

●二番目、三番目のDNA

もうひとつ――。わたしは2022年4月から、約60年ぶりに絵筆をとった。

スケッチ画を描き始めたのだ。そして、２０２４年2月、『「掌《たなごころ》」の画帖』（共栄書房）として発刊した。その動機と思いは、裏表紙に綴っている。

人間は――
生まれてからわずか
1％のＤＮＡしか
使ってないそうです。
残りの99％は
眠ったままです。
残りの2％目のＤＮＡに、
思わぬ才能が
潜んでいるかもしれません。
わたしは約60年ぶりに、
二番目のＤＮＡを
開いてみました。
そこには、ささやかだけど、

■あなたも二番目のＤＮＡにスイッチを入れてみては？

花の蕾《つぼみ》が眠っていました。
恥ずかしそうに
照れくさそうに
開いてくれた〝花〟
それが、この画帖です。

——さらに、新たに小説に挑戦する夢を抱いている。
わたしにとって四番目のＤＮＡに、スイッチを入れる。
それが、いまから楽しみである。
日本中のひとびとに呼びかけたい。
子どもだけでない。大人になってからでも……。
二番目、三番目……のＤＮＡにスイッチを入れてほしい。
そのとき、わたしたちの愛する国、日本は——、
希望と愛情と勇気に満ちた国として
必ずや、よみがえることでしょう。（了）

医療・環境ジャーナリスト
船瀬 俊介

1950年、福岡県生まれ。九州大学理学部を経て、早稲田大学第一文学部を卒業。日本消費者連盟に出版・編集担当として参加。その後、35歳で独立。共著『買ってはいけない』は半年間で250万部の大ベストセラーとなる。消費者・環境問題を中心に執筆、講演活動を続けている。
著書に——。『抗ガン剤で殺される』『病院に行かずに「治す」ガン療法』(花伝社)、『医療大崩壊』『維新の悪人たち』『未来を救う「波動医学」』『世界に広がる「波動医学」』『ガンを治す「波動医学」』『奇跡を起こす「波動医学」』(共栄書房)などのシリーズ。『健康住宅革命』(花伝社)、『心にのこる、書きかた、伝えかた』『笑いの免疫学』『コロナと5G』『コロナとワクチン』『ワクチンで殺される』『コロナの、あとしまつ』『フライドチキンの呪い』『「掌」の画帖』(共栄書房)、『ワクチンの罠』『「モンスター食品」が世界を食いつくす!』『死のマイクロチップ』『ドローン・ウォーズ』『「暮しの手帖」をつくった男』(イースト・プレス)、『「波動医学」と宗教改革』『世界をだました5人の学者』『めざめよ!』『殺されるな!』『「洗脳」の超メカニズム』『巨大地震だ、津波だ、逃げろ!』『コロナと陰謀』(ヒカルランド)、『NASAは“何か”を隠してる』『ロックフェラーに学ぶ悪の不老長寿』『牛乳のワナ』『3日食べなきゃ7割治る!』『EVガラパゴス』『幽体離脱』『日本民族抹殺計画』(ビジネス社)、『ヴィーガン革命』『世界の“毒”がやってくる』(ビオ・マガジン)……他、多数。

フリースクール革命

イーロン・マスクも、大谷翔平も、“遊び”で育った!

2024年10月31日　第一版　第一刷

著　　　者　船瀬 俊介

発 行 人　西 宏祐
発 行 所　株式会社ビオ・マガジン
〒141-0031　東京都品川区西五反田8-11-21
五反田TRビル1F
TEL:03-5436-9204　FAX:03-5436-9209
https://www.biomagazine.jp/

編　　　集　野本 千尋
デザイン・DTP　前原 美奈子
校　　　正　株式会社 ぷれす
印刷・製本　株式会社シナノパブリッシングプレス

万一、落丁または乱丁の場合はお取り替えいたします。

ISBN978-4-86588-140-0 C0037